Altcoins y ICOs

**Altcoins y ICOs reveladas:
comprensión y beneficio de las criptomonedas
alternativas**

Javier Montoya

Tabla de Contenidos

INTRODUCCIÓN

Bienvenido a "Altcoins y ICOs: Altcoins y ICOs reveladas: comprensión y beneficio de las criptomonedas alternativas". En este completo libro electrónico, emprenderemos una emocionante aventura en el fascinante mundo de las Ofertas Iniciales de Monedas (ICO) y las criptomonedas alternativas, también conocidas como "Altcoins".

El entorno financiero ha sido completamente transformado por las criptomonedas, siendo Bitcoin un activo digital pionero. Pero además de Bitcoin, también han aparecido muchas otras criptomonedas, cada una con sus cualidades únicas y su potencial de rentabilidad. Estas altcoins han atraído el interés de comerciantes, inversores y entusiastas de la tecnología en todo el mundo y han alterado significativamente la naturaleza de la economía global.

Profundizaremos en el mundo de las altcoins y las ofertas iniciales de monedas (ICO) en este libro electrónico, resolveremos sus misterios y revelaremos las ricas oportunidades que brindan. Este libro electrónico le brindará la información y las herramientas que necesita para tomar decisiones informadas, ya sea que sea un inversor experimentado en criptomonedas que busca diversificar su cartera o un principiante intrigado por el mundo en desarrollo de los activos digitales.

Comenzaremos nuestro viaje explicando detalladamente qué son las Altcoins y las ICO, en qué se diferencian del más conocido Bitcoin y hacia dónde se dirige nuestro viaje. Analizaremos los diferentes tipos de altcoins, como las stablecoins, los tokens de seguridad y los tokens de utilidad, cada uno con una función específica en la economía digital.

Comprender las variables que afectan los valores de Altcoin es crucial para navegar con éxito en el mercado dinámico. Analizaremos los factores que afectan los precios de Altcoin, desde el sentimiento del mercado y los avances tecnológicos hasta los cambios legislativos.

Un buen ojo para detectar nuevas iniciativas y una evaluación crítica de su potencial son requisitos previos para invertir en altcoins. Lo guiaremos a través de la investigación y evaluación de proyectos Altcoin para que pueda decidir cuáles tienen las mejores posibilidades de éxito.

El comercio de altcoins tiene su propio conjunto de estrategias y desafíos. Analizaremos varias estrategias comerciales, herramientas de análisis técnico y métodos de gestión de riesgos para que pueda aprovechar al máximo sus empresas comerciales.

Por supuesto, la seguridad de sus tenencias de Altcoins es de suma importancia. Analizaremos los distintos tipos de billeteras Altcoin y las técnicas básicas para defender sus inversiones contra los peligros.

Además, no limitaremos nuestra exploración a las características tecnológicas de Altcoins. Estudiaremos las aplicaciones del mundo real de estas criptomonedas alternativas en diversas industrias y cómo utilizan la tecnología blockchain.

La inversión en altcoins implica riesgos y dificultades, como cualquier otro esfuerzo financiero . Para ayudarle a evitar posibles pérdidas, nuestro libro electrónico describirá los numerosos peligros y estafas que se pueden encontrar en el mercado de Altcoin.

Las regulaciones son vitales en el vertiginoso mundo de las criptomonedas. Abordaremos las consecuencias y los requisitos de cumplimiento para proyectos en varias jurisdicciones a medida que evaluamos el panorama regulatorio cambiante para las ICO y altcoins.

Presentaremos estudios de casos de proyectos exitosos de Altcoin a lo largo del libro electrónico, aprenderemos de sus éxitos y analizaremos cómo los primeros inversores se han beneficiado de estos esfuerzos .

Finalmente, echaremos un vistazo a las tendencias futuras y las posibles perspectivas comerciales en el sector Altcoin. Consideraremos lo que depara el futuro para las altcoins y las ofertas iniciales de monedas (ICO) a medida que la tecnología avanza y el panorama de las criptomonedas cambia constantemente.

Al final de esta aventura, estará preparado con la información y los conocimientos necesarios para navegar correctamente por el ecosistema Altcoin e ICO. " Altcoins y ICOs: Altcoins y ICOs reveladas: comprensión y beneficio de las criptomonedas alternativas" es su recurso de referencia si desea obtener más información sobre la revolución de las criptomonedas o obtener ganancias de inversiones inteligentes.

Juntos, emprendamos este viaje educativo para aprender más sobre el inmenso potencial de las ofertas iniciales de monedas (ICO) y las criptomonedas alternativas y las oportunidades que presentan.

CAPÍTULO I

Entendiendo las Altcoins

¿Qué son las altcoins?

En 2009, el mundo fue testigo de la revolucionaria introducción de Bitcoin, la primera criptomoneda de la historia. Desde entonces ha surgido un variado ecosistema de activos digitales conocidos como "Altcoins" o criptomonedas alternativas como resultado del crecimiento exponencial del mercado de las criptomonedas. Estas Altcoins se han expandido más allá de los límites establecidos por Bitcoin y ofrecen muchas características, casos de uso y oportunidades de inversión. En esta sección, profundizaremos en el fascinante mundo de las Altcoins, comprenderemos sus distintos tipos y exploraremos su importancia en el panorama en evolución de las criptomonedas.

Las altcoins, como su nombre indica, son criptomonedas alternativas al Bitcoin. Construidas sobre la base de la tecnología blockchain descentralizada, las Altcoins comparten los principios fundamentales de un libro de contabilidad transparente, inmutable y sin confianza . Sin embargo, introducen características y funcionalidades innovadoras que los diferencian del pionero Bitcoin.

A diferencia de las monedas fiduciarias tradicionales controladas por autoridades centrales, las Altcoins operan de forma independiente en una red descentralizada. Esta característica proporciona a los usuarios soberanía financiera, eliminando la necesidad de intermediarios como bancos e instituciones financieras.

El propósito de las Altcoins no es competir directamente con Bitcoin sino ofrecer soluciones únicas a las limitaciones observadas en la criptomoneda pionera. Cada Altcoin tiene como objetivo atender casos de uso específicos y aplicaciones de nicho, diversificando así el ecosistema de criptomonedas.

Entre los distintos tipos de Altcoins, los tokens de utilidad son quizás los más comunes. Estos tokens sirven como activos digitales nativos dentro de una plataforma o red descentralizada. Otorgan acceso a funcionalidades o servicios específicos ofrecidos dentro de ese ecosistema. Los tokens de utilidad son fundamentales para permitir el funcionamiento perfecto de aplicaciones descentralizadas (DApps) y desempeñan un papel crucial en el soporte de diversos servicios descentralizados.

Otro tipo importante de Altcoin es el token de seguridad. A diferencia de los tokens de utilidad, los tokens de seguridad representan la propiedad fraccionada de activos o acciones del mundo real de una empresa. Estos tokens están sujetos a escrutinio regulatorio, ya que pertenecen a la categoría de valores. Los tokens de seguridad ofrecen a los inversores derechos como dividendos, derechos de voto y otros beneficios financieros, similares a los valores tradicionales en los mercados financieros convencionales.

Las Stablecoins son una categoría especial de Altcoins diseñada para abordar el problema de la volatilidad de los precios comúnmente asociada con las criptomonedas. A diferencia de sus contrapartes más volátiles, las monedas estables tienen como objetivo mantener la estabilidad de precios vinculando su valor a una reserva estable, a menudo una moneda fiduciaria como el dólar estadounidense o una canasta de activos. Esta característica única hace que las monedas estables sean ideales para las transacciones diarias y actúa como cobertura contra las fluctuaciones del mercado.

En los últimos años, el sector de las criptomonedas se ha expandido significativamente, siendo las altcoins un factor clave en este aumento. Si bien Bitcoin sigue siendo dominante, las Altcoins han aumentado constantemente su participación de mercado. A medida que surgen y ganan terreno más proyectos de Altcoin, el ecosistema de criptomonedas se vuelve más diverso y dinámico.

El mercado de Altcoin experimenta ciclos comúnmente conocidos como "temporada de Altcoin". Durante estos períodos, muchas Altcoins superan a Bitcoin en términos de aumento de precios, atrayendo una mayor atención de inversores y comerciantes. La temporada de Altcoins se caracteriza por mayores volúmenes de operaciones y un aumento en el lanzamiento de nuevos proyectos de Altcoins que buscan financiación y adopción.

El avance de la tecnología es esencial para el éxito de las altcoins. Los desarrolladores innovan continuamente, introduciendo nuevos mecanismos de consenso, soluciones de escalabilidad, funciones de privacidad y protocolos de interoperabilidad. Estos avances tienen como objetivo mejorar la eficiencia, seguridad y usabilidad de las Altcoins, impulsando su adopción y utilidad.

Si bien las Altcoins comparten la misma tecnología subyacente que Bitcoin, a menudo ofrecen distintas ventajas y enfrentan desafíos únicos.

La escalabilidad sigue siendo una preocupación crucial para las criptomonedas, ya que la capacidad transaccional debe adaptarse a una base de usuarios en crecimiento sin comprometer la eficiencia de la red. Muchas Altcoins abordan este desafío adoptando diferentes mecanismos de consenso, siendo la prueba de participación (PoS) una de las alternativas más frecuentes. A diferencia del modelo de prueba de trabajo (PoW) de Bitcoin, que se basa en una minería que consume mucha energía, PoS permite a los validadores de la red (stakers) participar en la validación de bloques en función de la cantidad de monedas que poseen y que están dispuestos a "apostar" como garantía. Este enfoque reduce significativamente el consumo de energía y los tiempos de validación de transacciones, lo que conduce a una mayor escalabilidad.

El tiempo de confirmación del bloque de Bitcoin de aproximadamente 10 minutos puede ser un obstáculo para las transacciones y microtransacciones en tiempo real. Por otro lado, las Altcoins han explorado varios enfoques para reducir los tiempos de generación de bloques, lo que resulta en confirmaciones de transacciones más rápidas. Algunas Altcoins logran esto mediante intervalos de bloqueo más rápidos, lo que reduce el tiempo que lleva finalizar una transacción y permite un procesamiento más rápido para las transacciones diarias. Como resultado, las Altcoins brindan una experiencia de usuario más fluida, particularmente en escenarios donde la velocidad y la eficiencia son primordiales.

La privacidad es un aspecto crítico de las transacciones financieras y, si bien Bitcoin ofrece cierto grado de seudónimo, no llega a proporcionar un anonimato completo. Ciertas Altcoins abordan esta preocupación incorporando técnicas criptográficas avanzadas, lo que permite una mayor privacidad y anonimato transaccional.

Estas Altcoins centradas en la privacidad utilizan pruebas de conocimiento cero, firmas de anillo y otros protocolos criptográficos sofisticados para proteger los detalles de las transacciones de la vista del público. Al hacerlo, los usuarios pueden realizar transacciones con un mayor nivel de confidencialidad, lo que resulta atractivo para quienes priorizan la privacidad en sus interacciones financieras.

Las altcoins son conocidas por su mayor volatilidad de precios en comparación con Bitcoin. Si bien esta volatilidad puede presentar oportunidades lucrativas para comerciantes e inversores, también plantea riesgos importantes. Las oscilaciones repentinas de precios pueden generar ganancias sustanciales, pero también pueden resultar fácilmente en pérdidas significativas. La naturaleza fluctuante de los precios de las altcoins requiere que los inversores actúen con cautela, realicen investigaciones exhaustivas y adopten estrategias de gestión de riesgos para navegar en el mercado de forma eficaz.

Si bien Bitcoin cuenta con una alta liquidez debido a su amplia adopción y reconocimiento, muchas Altcoins enfrentan menores volúmenes de negociación y desafíos de liquidez. La menor liquidez de las Altcoins puede hacer que sea más difícil ejecutar grandes operaciones sin afectar significativamente los precios del mercado. Además, la baja liquidez puede provocar un mayor deslizamiento de precios, lo que resultaría en ejecuciones comerciales desfavorables para inversores y comerciantes.

El panorama regulatorio que rodea a las criptomonedas es complejo y evoluciona continuamente. Las altcoins enfrentan desafíos únicos al navegar este entorno regulatorio incierto. Los marcos regulatorios varían significativamente entre las diferentes jurisdicciones, lo que lleva a diferentes consideraciones legales y de cumplimiento para los proyectos de Altcoin. La falta de claridad sobre los requisitos regulatorios puede crear incertidumbre para los inversores y potencialmente obstaculizar el desarrollo y la adopción de ciertos proyectos de Altcoin.

Diferentes tipos de Altcoins (por ejemplo, tokens de utilidad, tokens de seguridad, monedas estables)

En el universo cada vez mayor de las criptomonedas, las Altcoins han surgido como una amplia gama de activos digitales, cada uno con características y propósitos únicos. Si bien Bitcoin sigue siendo la criptomoneda líder, el crecimiento de las Altcoins ha allanado el camino para soluciones innovadoras y aplicaciones diversificadas dentro del ecosistema descentralizado. Esta sección explorará los diferentes tipos de Altcoins, centrándose en tokens de utilidad, tokens de seguridad y monedas estables. Al comprender las características distintivas y los casos de uso de cada tipo, podemos obtener información valiosa sobre la naturaleza multifacética de las Altcoins y su impacto significativo en el panorama financiero global.

Las altcoins, abreviatura de "monedas alternativas", son una categoría de criptomonedas que siguen los pasos de Bitcoin. Al igual que Bitcoin, se basan en la tecnología blockchain, lo que permite transacciones descentralizadas y transparentes entre pares. Sin embargo, las Altcoins se distinguen por introducir diversas características, funcionalidades y casos de uso, ampliando las posibilidades que ofrecen las criptomonedas más allá del alcance de Bitcoin. Entre los muchos tipos de Altcoins, los tokens de utilidad, los tokens de seguridad y las monedas estables han ganado especial importancia y merecen un examen más detenido.

Los tokens de utilidad son uno de los tipos de Altcoins más frecuentes y dinámicos en el mercado de las criptomonedas. Estos tokens están diseñados para cumplir propósitos específicos dentro de redes o plataformas descentralizadas, brindando acceso a diversos servicios, funciones o aplicaciones que se ofrecen dentro del ecosistema asociado. Los tokens de utilidad son fundamentales para respaldar las operaciones de aplicaciones descentralizadas (DApps) y su adopción más amplia.

Los tokens de utilidad ofrecen una variedad de funciones, incluido el acceso a servicios, gobernanza y votación, y programas de lealtad y recompensas. Por ejemplo, Ethereum (ETH) sirve como combustible que impulsa la cadena de bloques Ethereum, lo que permite a los usuarios pagar tarifas de transacción y ejecuciones de contratos inteligentes. El token de utilidad nativo del intercambio Binance se llama Binance Coin (BNB), ofrece descuentos en las tarifas comerciales y actúa como base para el ecosistema Binance Smart Chain.

Los tokens de seguridad representan un subconjunto distinto de Altcoins que ofrecen propiedad de activos del mundo real o representan acciones de una empresa. Los tokens de seguridad, a diferencia de los tokens de utilidad, se rigen por regulaciones y se adhieren a las leyes de valores, integrando partes de las finanzas convencionales en el mundo de blockchain y las criptomonedas.

Los tokens de seguridad se caracterizan por estar respaldados por activos y cumplir con las normas. Permiten fraccionar activos tradicionalmente ilíquidos, abriendo nuevas oportunidades de inversión para una gama más amplia de inversores. Ejemplos de tokens de seguridad incluyen tZERO (TZROP), que tokeniza valores y permite dividendos potenciales.

La volatilidad sigue siendo una característica destacada de la mayoría de las criptomonedas, incluidas Bitcoin y muchas Altcoins. Las monedas estables se introdujeron como una solución a este problema, buscando mantener un valor estable vinculándolo a una reserva, como una moneda fiduciaria o una canasta de activos. Esta estabilidad hace que las monedas estables sean más adecuadas para las transacciones diarias y como depósito de valor.

Las monedas estables vienen en varios tipos, incluidas las monedas estables con garantía fiduciaria, con garantía criptográfica y algorítmicas. Un ejemplo de moneda estable con garantía fiduciaria es Tether (USDT), que está vinculado 1:1 al dólar estadounidense. Sin embargo, DAI es una moneda estable algorítmica construida sobre la cadena de bloques Ethereum, que mantiene su valor a través de un mecanismo descentralizado que involucra préstamos garantizados (CDP).

Pros y contras de Altcoins en comparación con Bitcoin

El nacimiento de Bitcoin en 2009 marcó el inicio de las criptomonedas, revolucionando el mundo de las finanzas y fomentando el surgimiento de un ecosistema diverso. Si bien Bitcoin sigue siendo la criptomoneda más destacada y ampliamente reconocida, numerosos activos digitales alternativos, conocidos colectivamente como Altcoins, se han sumado a la refriega. Esta sección explora los pros y los contras de las Altcoins en comparación con Bitcoin, arrojando luz sobre las fortalezas y debilidades de cada categoría. Al comprender la dinámica de este panorama en rápida evolución, podemos obtener información valiosa sobre el mercado de las criptomonedas en constante cambio.

Las limitaciones de escalabilidad de Bitcoin han sido durante mucho tiempo un tema de preocupación. A medida que la red crece, la congestión de las transacciones y las tarifas elevadas durante los períodos pico obstaculizan su eficiencia. Las altcoins han abordado este problema adoptando diferentes mecanismos de consenso, como la prueba de participación (PoS), que permite un mayor rendimiento de las transacciones y tiempos de confirmación más rápidos. Esta escalabilidad mejorada permite que las Altcoins se adapten a mayores volúmenes de transacciones, lo que las hace más adecuadas para el uso diario.

Aunque Bitcoin ofrece cierto grado de seudónimo, la naturaleza pública de su cadena de bloques significa que las transacciones son transparentes y rastreables. Por el contrario, muchas Altcoins se centran en mejorar las funciones de privacidad, empleando técnicas criptográficas avanzadas como pruebas de conocimiento cero y firmas de anillo. Estas medidas brindan a los usuarios mayor privacidad y anonimato transaccional, lo que atrae a personas que buscan discreción en sus transacciones financieras.

Las altcoins surgieron con la intención de aprovechar la base de Bitcoin, ofreciendo una amplia gama de casos de uso y funcionalidades únicos. Ethereum, por ejemplo, no es sólo una moneda digital sino una plataforma que permite la creación de contratos inteligentes y aplicaciones descentralizadas (DApps). Los casos de uso innovadores de Altcoins se extienden más allá de las transacciones financieras, facilitando aplicaciones en la gestión de la cadena de suministro, atención médica, juegos y más. Esta diversidad genera innovación y amplía aún más el potencial de la tecnología blockchain.

El mercado de las criptomonedas ofrece varias Altcoins con distintas propuestas de valor y tecnologías subyacentes. Esta diversidad permite a los inversores diversificar sus carteras más allá de Bitcoin, reduciendo la exposición al riesgo y potencialmente maximizando la rentabilidad. Además, las inversiones en etapas iniciales en proyectos prometedores de Altcoins pueden generar ganancias significativas a medida que estos activos digitales ganan fuerza y reconocimiento.

Uno de los principales inconvenientes de las Altcoins es su mayor volatilidad en comparación con Bitcoin. Las altcoins son susceptibles a fluctuaciones sustanciales de precios, a veces en períodos cortos, debido a factores como el sentimiento del mercado, la liquidez y el comercio especulativo. Si bien la volatilidad puede presentar oportunidades lucrativas para los comerciantes e inversores, también los expone a mayores riesgos. Las prácticas prudentes de gestión de riesgos son esenciales cuando se trata de Altcoins para navegar con éxito en el mercado.

La presencia establecida desde hace mucho tiempo y el amplio reconocimiento de Bitcoin han contribuido a su mayor liquidez en comparación con la mayoría de las Altcoins. Muchas Altcoins tienen menores volúmenes de negociación y liquidez, lo que dificulta la ejecución de grandes operaciones sin afectar significativamente el precio de mercado. La baja liquidez puede provocar una caída de precios, lo que afectará la ejecución de las operaciones y podría generar resultados desfavorables para los inversores.

El panorama regulatorio en rápida evolución sigue siendo un desafío importante para las Altcoins. Dado que el marco regulatorio para las criptomonedas varía según las jurisdicciones, los proyectos de Altcoin pueden enfrentar desafíos de cumplimiento únicos. Esta incertidumbre regulatoria crea ambigüedad y posibles barreras para una adopción generalizada, lo que hace que sea crucial que los inversores consideren las implicaciones legales de invertir en Altcoins específicas.

La presencia duradera de Bitcoin y su importante tasa de hash contribuyen a su sólida seguridad y resistencia contra ataques. Sin embargo, algunas Altcoins, particularmente las más nuevas y menos establecidas, pueden enfrentar mayores riesgos de seguridad debido a tasas de hash de red más bajas y menos participantes. Los usuarios deben tener precaución y considerar las medidas de seguridad que implementan los proyectos Altcoin para proteger sus activos digitales.

Tendencias y análisis del mercado de altcoins

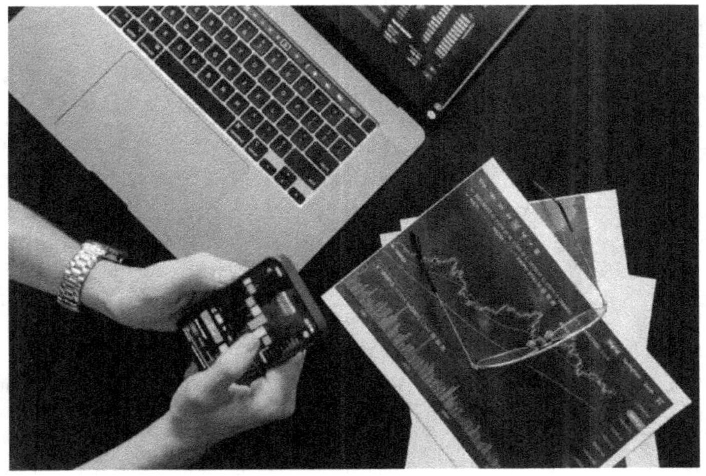

El mercado de las criptomonedas ha experimentado un crecimiento y una evolución sin precedentes desde la creación de Bitcoin en 2009. Junto con Bitcoin, ha surgido una amplia gama de criptomonedas alternativas, conocidas como Altcoins, que introducen diversas características y casos de uso. El mercado de Altcoin ha experimentado fluctuaciones significativas, lo que presenta desafíos y oportunidades para inversores, comerciantes y entusiastas de blockchain. En esta sección, profundizaremos en las tendencias y el análisis del mercado de Altcoins, explorando los factores que influyen en los movimientos de precios, los ciclos del mercado, los avances tecnológicos y el impacto potencial de las Altcoins en el ecosistema de criptomonedas más amplio.

El mercado de Altcoin es conocido por sus ciclos de mayor volatilidad de precios, a menudo denominados "temporadas de Altcoin". Durante estos períodos, muchas Altcoins superan a Bitcoin en términos de aumento de precios, lo que lleva a una disminución del dominio de Bitcoin sobre la capitalización general del mercado de criptomonedas. Varios factores influyen en las temporadas de altcoins, incluido el sentimiento de los inversores, los desarrollos tecnológicos, las noticias regulatorias y las condiciones macroeconómicas.

El sentimiento de los participantes del mercado de criptomonedas juega un papel crucial en los movimientos de precios de Altcoin. Las plataformas de redes sociales y los foros en línea a menudo influyen en el sentimiento del mercado, y las noticias positivas o negativas se difunden rápidamente y afectan los precios de las altcoins. Se emplean herramientas de análisis de sentimiento para medir el sentimiento del mercado, lo que ayuda a los inversores a tomar decisiones informadas en un mercado que cambia rápidamente.

El éxito y la adopción de Altcoins a menudo están ligados a sus innovaciones tecnológicas y casos de uso únicos. Las altcoins que introducen características novedosas, escalabilidad mejorada, privacidad mejorada y aplicaciones del mundo real tienden a ganar más atención y valor. Los avances tecnológicos desempeñan un papel fundamental a la hora de atraer inversores e impulsar la adopción de Altcoins específicas.

El mercado de Altcoin experimenta fases cíclicas de mercados alcistas y bajistas. Los mercados alcistas se caracterizan por tendencias alcistas de precios y un sentimiento optimista de los inversores, lo que conduce a una mayor actividad inversora y comercial. Por el contrario, los mercados bajistas implican precios a la baja y un sentimiento negativo, lo que genera cautela entre los inversores y un cambio hacia la aversión al riesgo.

Las ofertas iniciales de monedas (ICO) desempeñaron un papel importante en el crecimiento de las Altcoins. Muchos proyectos de Altcoin recaudaron fondos durante el auge de las ICO vendiendo sus tokens nativos a inversores. Sin embargo, la falta de supervisión regulatoria dio lugar a proyectos fraudulentos y estafas, lo que generó un mayor escepticismo y regulaciones más estrictas en torno a las ventas de tokens.

Las temporadas de Altcoins a menudo conducen a un fenómeno conocido como "rotación", donde los inversores mueven fondos de una Altcoin a otra para capitalizar los proyectos más prometedores. Durante las temporadas de Altcoins, muchas Altcoins experimentan una rápida apreciación de precios, seguida de una toma de ganancias y una rotación hacia otros activos.

Uno de los principales desafíos que enfrentan las redes blockchain, incluido Bitcoin, es la escalabilidad. Las altcoins han tratado de abordar este problema implementando varias soluciones, como protocolos de segunda capa (por ejemplo, Lightning Network) y mecanismos de consenso alternativos (por ejemplo, PoS y Prueba de participación delegada - DPoS). Estos avances en escalabilidad tienen como objetivo mejorar el rendimiento de las transacciones y reducir las tarifas, haciendo que las Altcoins sean más viables para el uso diario.

Ciertas Altcoins se han centrado en mejorar la privacidad del usuario y el anonimato transaccional. Las pruebas de conocimiento cero, zk -SNARK y firmas de anillo se encuentran entre las técnicas criptográficas empleadas para mejorar la privacidad en las redes blockchain. Al priorizar la confidencialidad del usuario, estas Altcoins atraen a usuarios preocupados por la privacidad y respaldan el crecimiento de las transacciones confidenciales.

Altcoins ha explorado soluciones de interoperabilidad para fomentar la colaboración y la comunicación fluida entre diferentes redes blockchain. Los puentes entre cadenas y los intercambios atómicos permiten la transferencia de activos entre cadenas de bloques dispares, lo que mejora la utilidad y flexibilidad generales de las Altcoins.

El desempeño de las Altcoins puede tener un impacto significativo en el sentimiento general del mercado. Los acontecimientos positivos y los repuntes de precios en el mercado de Altcoin a menudo conducen a un mayor optimismo y confianza en el ecosistema más amplio de las criptomonedas. Por el contrario, los mercados bajistas prolongados de Altcoins pueden generar incertidumbre y sentimiento negativo.

Las altcoins sirven como laboratorios vitales para la innovación blockchain. Muchos avances y mejoras tecnológicas aparecen por primera vez en proyectos Altcoin antes de ser adoptados o adaptados por criptomonedas más grandes como Bitcoin y Ethereum. Esta competencia impulsada por la innovación fomenta el desarrollo continuo y amplía los límites de la tecnología blockchain.

El panorama regulatorio en evolución influye significativamente en el mercado de Altcoin. Los cambios regulatorios y las intervenciones gubernamentales pueden afectar la confianza de los inversores, el desarrollo de proyectos y el comportamiento general del mercado . A medida que los reguladores continúan aclarando su postura sobre las criptomonedas, los proyectos de Altcoin deben navegar por el marco legal para garantizar el cumplimiento y evitar el escrutinio regulatorio.

CAPÍTULO II

Ofertas iniciales de monedas (ICO)

Introducción a las ICO y su propósito

Las ofertas iniciales de monedas (ICO) han revolucionado el mundo de la recaudación de fondos y la inversión en el espacio de las criptomonedas. Nacidas del rápido crecimiento de la tecnología blockchain y las criptomonedas, las ICO ofrecen una forma nueva e innovadora para que los proyectos blockchain obtengan capital y para que los inversores participen en la economía descentralizada. En esta sección, exploraremos el concepto de ICO, su propósito y su impacto en el ecosistema de las criptomonedas. Al comprender los fundamentos de las ICO, podemos obtener información valiosa sobre este innovador método de recaudación de fondos y su importancia para dar forma al futuro de las finanzas y la tecnología.

Las ICO son eventos de recaudación de fondos en los que los proyectos de blockchain emiten y distribuyen sus tokens nativos a inversores a cambio de criptomonedas establecidas, como Ethereum o Bitcoin, o incluso monedas fiduciarias. Estos tokens representan activos digitales o utilidad dentro del ecosistema del proyecto y sirven como medio para recaudar fondos para el desarrollo y la expansión del proyecto.

El concepto de ICO se originó con la campaña de recaudación de fondos de Mastercoin en 2013. Desde entonces, el panorama de las ICO ha evolucionado rápidamente, ganando inmensa popularidad y atrayendo a una gran cantidad de inversores. Las ICO se han convertido en un método preferido para que tanto las empresas emergentes de blockchain como los proyectos establecidos accedan al capital e interactúen con una comunidad global de partidarios.

Las ICO democratizan el proceso de recaudación de fondos, proporcionando acceso al capital para empresas bien establecidas y nuevas empresas en etapa inicial. Los métodos tradicionales de recaudación de fondos, como las ofertas públicas iniciales (OPI), a menudo requieren altas barreras de entrada y un amplio cumplimiento normativo. Por el contrario, las ICO permiten que proyectos de todos los tamaños lleguen a una audiencia global de inversores sin necesidad de intermediarios.

Las ICO se han convertido en un catalizador de la innovación dentro del espacio blockchain. La capacidad de recaudar capital a través de las ICO ha incentivado a los desarrolladores y emprendedores a trabajar en proyectos innovadores, ampliando los límites de la tecnología blockchain e introduciendo casos de uso novedosos. Esta ola de innovación ha contribuido al crecimiento y la diversificación del ecosistema de criptomonedas más amplio.

Las ICO fomentan la formación de comunidades descentralizadas en torno a proyectos blockchain. Los inversores que participan en las ICO a menudo se convierten en los primeros en adoptar y defender la visión del proyecto. Estas comunidades desempeñan un papel integral en el desarrollo, las pruebas y la eventual adopción del proyecto, creando un sentido de propiedad y propósito compartido.

El rápido aumento de las ICO tomó por sorpresa a los reguladores, lo que generó la necesidad de directrices más claras en muchas jurisdicciones. Esta incertidumbre regulatoria expone a los proyectos y a los inversores a posibles riesgos legales y genera preocupaciones sobre fraudes o estafas en las ICO. Como resultado, la necesidad de marcos regulatorios sólidos se ha convertido en un aspecto crucial del panorama de las ICO.

Las ICO conllevan riesgos técnicos y de seguridad inherentes. Los proyectos deben garantizar la solidez de sus contratos inteligentes y la seguridad de las ventas de tokens. Las vulnerabilidades o los errores de codificación en los contratos inteligentes pueden provocar incidentes de piratería y provocar pérdidas financieras importantes para los inversores.

El valor de los tokens ICO puede ser muy volátil, especialmente durante la fase inicial de negociación en los intercambios de criptomonedas. Los inversores deben estar preparados para las fluctuaciones de precios y evaluar cuidadosamente la viabilidad a largo plazo del proyecto.

Las ICO han allanado el camino para la tokenización de diversos activos, incluidos bienes raíces, arte y materias primas. Los activos tokenizados representan una forma de propiedad más accesible y líquida, lo que abre nuevas oportunidades de inversión para una gama más amplia de inversores.

Muchas ICO emiten tokens de utilidad que otorgan a sus titulares acceso a funciones, servicios o contenidos específicos dentro del ecosistema del proyecto. Los tokens de utilidad se han convertido en un componente clave en las aplicaciones descentralizadas (DApps) y sirven como mecanismo de incentivo para la participación de los usuarios.

El auge de las ICO ha llevado a los reguladores a reevaluar su enfoque en el mercado de las criptomonedas. Algunas jurisdicciones han introducido regulaciones o directrices específicas para que las ICO protejan a los inversores y al mismo tiempo fomenten la innovación en la industria blockchain.

Cómo funcionan las ICO y el proceso de las ICO

En el mundo de blockchain y las criptomonedas, las Ofertas Iniciales de Monedas (ICO) han aparecido como un método revolucionario de recaudación de fondos, revolucionando los mecanismos tradicionales de recaudación de capital. Al ofrecer tokens digitales a cambio de criptomonedas establecidas o monedas fiduciarias, las ICO han permitido que tanto las nuevas empresas como los proyectos establecidos accedan a inversores globales y recauden fondos para sus empresas. En esta sección, profundizaremos en la mecánica de cómo funcionan las ICO y exploraremos el proceso paso a paso para realizar una ICO. Al comprender las complejidades de las ICO, podemos obtener información valiosa sobre este innovador modelo de recaudación de fondos y su profundo impacto en el mundo de las finanzas y la tecnología.

El viaje de una ICO comienza con la conceptualización de un proyecto basado en blockchain. Los desarrolladores y fundadores describen la visión, los casos ce uso y las especificaciones técnicas del proyecto, que se compilan en un documento técnico. Este documento completo sirve como modelo para el proyecto y describe los detalles de la venta de tokens.

Se crean los tokens nativos que se ofrecerán durante la ICO. Estos tokens representan activos digitales o utilidad dentro del ecosistema del proyecto y están diseñados para cumplir funciones específicas, como brindar acceso a servicios, representar propiedad o habilitar mecanismos de gobernanza.

Se desarrolla un contrato inteligente en una plataforma blockchain, más comúnmente Ethereum, para facilitar la venta de tokens. El contrato inteligente automatiza la emisión y distribución de tokens a inversores en función de condiciones predefinidas, como la cantidad de criptomonedas aportadas.

El equipo del proyecto configura billeteras seguras para recibir contribuciones de los inversores durante la ICO. Los fondos recaudados están protegidos por procedimientos de seguridad que incluyen autenticación de dos factores y almacenamiento en frío.

Aquí está el proceso paso a paso para realizar una ICO. Desde los preparativos previos a la ICO hasta la distribución de tokens.

Antes del lanzamiento de la ICO, el equipo del proyecto participa en los preparativos previos a la ICO. Esto incluye marketing y extensión comunitaria para construir una red sólida de seguidores. Una comunidad sólida es crucial para una ICO exitosa, ya que genera interés y credibilidad para el proyecto.

El equipo del proyecto anuncia la fecha de la ICO y los detalles a través de varios canales, incluidas las redes sociales, foros y plataformas especializadas de listado de

ICO. La fecha de venta del token suele ir acompañada de una cuenta atrás para generar anticipación y atraer inversores potenciales.

Para cumplir con los requisitos reglamentarios y prevenir actividades fraudulentas, algunas ICO implementan un proceso de inclusión en una lista blanca. Los posibles inversores registran su participación proporcionando documentos de identificación y pasando la verificación Conozca a su cliente (KYC).

Durante el período de venta de tokens, los inversores pueden contribuir con criptomonedas establecidas o monedas fiduciarias a cambio de los tokens nativos del proyecto. El contrato inteligente asigna automáticamente tokens a los contribuyentes según los términos predeterminados.

Las ICO generalmente establecen un objetivo mínimo de recaudación de fondos, conocido como límite flexible, y un límite máximo de recaudación de fondos, conocido como límite estricto. El límite blando representa la cantidad mínima requerida para el desarrollo del proyecto, mientras que el límite máximo establece un límite superior en los fondos totales que el proyecto aceptará durante la ICO.

Para incentivar la inversión temprana y recompensar a los primeros partidarios, algunas ICO ofrecen bonificaciones y descuentos a los inversores que contribuyen durante las primeras etapas de la venta del token.

Una vez finalizada la venta de tokens, el equipo del proyecto distribuye los tokens comprados a las billeteras de los inversores. Este proceso de distribución se automatiza mediante el contrato inteligente, lo que garantiza transparencia y equidad.

Una vez que se completa la ICO, el proyecto se embarca en actividades posteriores a la ICO, incluida la lista de los tokens recién emitidos en los intercambios de criptomonedas. La cotización mejora la liquidez y permite a los inversores comprar, vender e intercambiar los tokens.

Los fondos recaudados durante la ICO se destinan al desarrollo e implementación del proyecto. Esto implica contratar desarrolladores, ampliar el equipo, comercializar y ejecutar la hoja de ruta descrita en el documento técnico.

Una comunidad fuerte y comprometida es esencial para el éxito del proyecto. Las actualizaciones periódicas, la comunicación con los partidarios y los mecanismos de gobernanza para incluir los aportes de la comunidad en la toma de decisiones son cruciales para generar confianza y credibilidad.

A pesar de su potencial transformador, las ICO tienen riesgos y desafíos. El cumplimiento normativo es una preocupación clave, ya que el panorama legal en evolución puede generar incertidumbre y posibles repercusiones legales para proyectos e inversionistas.

Las vulnerabilidades de seguridad, incluidas las fallas en los contratos inteligentes y los intentos de piratería, pueden provocar la pérdida de fondos de los inversores y empañar la reputación del proyecto. Son imprescindibles medidas de seguridad y auditorías rigurosas para salvaguardar el proceso de ICO.

La volatilidad del mercado es inherente a las criptomonedas y las ICO no son inmunes a las fluctuaciones de precios. Además, se han informado ICO fraudulentas y proyectos fraudulentos, lo que requiere una debida diligencia minuciosa antes de participar en cualquier venta de tokens.

Beneficios y riesgos de invertir en ICO

La aparición de las Ofertas Iniciales de Monedas (ICO) ha revolucionado el mundo de la recaudación de fondos y la inversión en el espacio de las criptomonedas. Las ICO ofrecen una forma novedosa para que los proyectos blockchain obtengan capital y para que los inversores participen en la economía descentralizada. Sin embargo, como cualquier oportunidad de inversión, las ICO conllevan beneficios y riesgos. Esta sección explorará las ventajas y desventajas de invertir en ICO, proporcionando un análisis completo para ayudar a los inversores potenciales a tomar decisiones informadas. Al comprender las posibles recompensas y obstáculos, las personas pueden navegar por el panorama de las ICO con precaución y maximizar sus posibilidades de tener un viaje de inversión exitoso.

Una de las ventajas más importantes de invertir en ICO es la oportunidad de participar en proyectos de cadena de bloques potencialmente de alto potencial. Las inversiones en las primeras etapas pueden ofrecer retornos sustanciales si el proyecto logra una adopción generalizada y éxito en el futuro. Los inversores pueden obtener exposición a proyectos innovadores que pueden no estar disponibles a través de los canales de inversión tradicionales.

Las ICO suelen incluir sus tokens en los intercambios de criptomonedas poco después de la venta del token. Esta liquidez inmediata permite a los inversores negociar sus tokens libremente, potencialmente aprovechando las fluctuaciones de precios a corto plazo. Además, como el mercado de criptomonedas opera las 24 horas del día, los 7 días de la semana, los inversores pueden aprovechar las oportunidades comerciales las 24 horas del día.

Las ICO tienen un alcance global, lo que permite a inversores de todo el mundo participar en la venta de tokens de un proyecto. Gracias a la democratización del proceso de inversión, muchas posibilidades que antes eran exclusivas ahora están disponibles para todos, independientemente de su ubicación.

Para los inversores que buscan diversificar sus carteras, las ICO ofrecen exposición a varios proyectos de blockchain en diversas industrias y casos de uso. La diversificación puede mitigar los riesgos asociados con proyectos individuales y contribuir a una estrategia de inversión bien equilibrada.

El panorama regulatorio que rodea a las ICO todavía está evolucionando en muchas jurisdicciones. Como resultado, invertir en ICO puede plantear riesgos legales, incluidas posibles violaciones de las leyes de valores. Los cambios en las regulaciones o las decisiones regulatorias desfavorables pueden tener consecuencias adversas para los inversores y los propios proyectos.

Algunas ICO pueden carecer de transparencia, lo que dificulta que los inversores evalúen la credibilidad y legitimidad de un proyecto. La ausencia de una debida diligencia integral puede dar lugar a inversiones en empresas fraudulentas o mal planificadas, lo que genera pérdidas financieras importantes.

La volatilidad en el mercado de las criptomonedas es bien conocida y los tokens ICO no son una excepción. Después de la venta del token, los precios pueden experimentar fluctuaciones extremas, lo que podría generar ganancias o pérdidas sustanciales. Los inversores deben estar preparados para la volatilidad de los precios y evaluar cuidadosamente los fundamentos del proyecto.

Las ICO realizadas en plataformas blockchain requieren contratos inteligentes para automatizar la emisión y distribución de tokens. Sin embargo, los contratos inteligentes no son inmunes a las vulnerabilidades en materia de seguridad, y los contratos mal auditados o codificados pueden provocar incidentes de piratería informática, lo que resulta en la pérdida de fondos para los inversores.

Los inversores deben realizar una debida diligencia exhaustiva antes de participar en cualquier ICO. Investigar el equipo del proyecto, el documento técnico, los aspectos técnicos y la participación de la comunidad puede proporcionar información valiosa sobre la credibilidad y el potencial de éxito del proyecto.

Mantenerse informado sobre el panorama regulatorio en diferentes jurisdicciones puede ayudar a los inversores a evitar posibles obstáculos legales. Además, elegir ICO que cumplan con los procedimientos KYC y AML puede mejorar la protección de los inversores y reducir el riesgo de actividades fraudulentas.

Los inversores deben evaluar críticamente la visión, el caso de uso, la tecnología y la hoja de ruta del proyecto. Comprender los objetivos a largo plazo y la viabilidad del proyecto puede ayudar a los inversores a tomar decisiones informadas basadas en sus objetivos de inversión.

Diversificar las inversiones en diferentes ICO y otras clases de activos puede ayudar a gestionar el riesgo y minimizar el impacto del rendimiento de cualquier inversión individual. Establecer límites de inversión razonables para las ICO también ayuda a evitar la sobreexposición a un solo proyecto.

Estudios de casos de ICO exitosas y fallidas

La llegada de las Ofertas Iniciales de Monedas (ICO) ha remodelado el panorama de la recaudación de fondos y la inversión en el mundo de las criptomonedas. Las ICO ofrecen a los proyectos blockchain los medios para recaudar capital, al tiempo que brindan a los inversores acceso a proyectos innovadores y posibles ganancias financieras. Sin embargo, el espacio de las ICO no está exento de desafíos, ya que algunas empresas han florecido, mientras que otras han fracasado. En esta sección, exploraremos estudios de casos de ICO exitosas y fallidas, examinando los factores que contribuyeron a sus resultados. Al analizar estos ejemplos, podemos extraer lecciones y conocimientos valiosos que pueden ayudar a los inversores y empresarios a navegar por el complejo y dinámico mundo de las ICO.

Ethereum, a menudo considerado el estándar de oro de las ICO exitosas, lanzó su ICO en 2014, recaudando más de $18 millones. La plataforma Ethereum introdujo contratos inteligentes, lo que permitió a los desarrolladores crear aplicaciones descentralizadas (DApps) en su blockchain. El liderazgo visionario de Vitalik Buterin y una sólida comunidad de desarrolladores contribuyeron al éxito de Ethereum. El claro caso de uso del proyecto y su capacidad para abordar problemas del mundo real atrajeron una atención generalizada, convirtiéndolo en una de las historias de éxito más importantes en el espacio de las ICO.

Otro ejemplo digno de mención de una ICO exitosa es EOS, que llevó a cabo una ICO de un año de duración entre 2017 y 2018, recaudando una cantidad sin precedentes de 4.100 millones de dólares. La cadena de bloques EOS.IO tenía como objetivo proporcionar una infraestructura escalable para DApps y contratos inteligentes. El éxito de un proyecto se puede atribuir a una propuesta de valor convincente, un equipo dedicado y un modelo de gobernanza que permitió a los poseedores de tokens votar por los productores de bloques. Este enfoque democrático resonó en la comunidad, lo que generó una participación sustancial de los inversores y una venta simbólica exitosa.

Binance , que es uno de los intercambios de criptomonedas más grandes del mundo, también tuvo una ICO exitosa en 2017 para financiar el desarrollo de su token nativo, Binance Coin (BNB). La ICO recaudó $15 millones y BNB rápidamente se convirtió en un token de utilidad para reducir las tarifas comerciales en la plataforma Binance . La reputación del intercambio y el caso de uso práctico del token contribuyeron a su adopción generalizada y su éxito en el mercado.

Los estudios de caso de ICO fallidas ofrecen lecciones importantes que los inversores y empresarios deben considerar. Un ejemplo de ello es The DAO, abreviatura de Organización Autónoma Descentralizada, que llevó a cabo su ICO en 2016 y recaudó más de 150 millones de dólares. El proyecto tenía como objetivo crear un fondo de capital de riesgo descentralizado impulsado por contratos inteligentes en la cadena de bloques Ethereum.

Sin embargo, una falla crítica en el código del contrato inteligente permitió a los piratas informáticos explotar el sistema, lo que resultó en un robo masivo de fondos. El incidente expuso la vulnerabilidad de los contratos inteligentes y provocó una controvertida bifurcación dura de la cadena de bloques Ethereum, que resultó en la creación de Ethereum Classic.

Prodeum sirve como otra advertencia. Prodeum, una ICO menos conocida, tenía como objetivo revolucionar la industria agrícola a través de la tecnología blockchain. Sin embargo, el proyecto resultó ser una estafa y los fundadores desaparecieron después de recaudar una cantidad minúscula de fondos. El incidente arrojó luz sobre la falta de diligencia debida y supervisión regulatoria adecuada en el espacio de las ICO, destacando la importancia de la protección de los inversores y una investigación exhaustiva antes de participar en las ventas de tokens.

BitConnect fue una plataforma de préstamos de alto perfil que llevó a cabo su ICO en 2016. Al prometer rendimientos extravagantes de las inversiones, la plataforma atrajo atención y fondos significativos. Sin embargo, BitConnect fue posteriormente expuesto como un esquema Ponzi, lo que llevó a su cierre y posteriores acciones legales contra sus operadores. El escándalo sirvió como señal de advertencia para que los inversores fueran cautelosos con los proyectos que prometían rendimientos poco realistas y afirmaciones sin fundamento.

Los estudios de caso de ICO exitosas y fallidas brindan información valiosa que puede guiar a los inversores y empresarios en el espacio de las criptomonedas. Una de las lecciones más cruciales es la importancia de un caso de uso claro y un valor en el mundo real para el proyecto. Las ICO exitosas a menudo tienen una visión clara y ofrecen soluciones prácticas a problemas del mundo real. Los proyectos con una propuesta de valor convincente tienen más probabilidades de ganarse la confianza y el apoyo de la comunidad, atrayendo tanto a inversores como a usuarios.

Otra lección importante es la importancia de un liderazgo fuerte y transparente. Un equipo dedicado y confiable es un factor crítico en el éxito de las ICO. La comunicación transparente con la comunidad, las actualizaciones periódicas y una hoja de ruta clara son indicadores del compromiso de un proyecto con sus objetivos.

Además, antes de participar en cualquier ICO, es esencial que los inversores realicen una debida diligencia rigurosa. Investigar al equipo del proyecto, evaluar el documento técnico y la tecnología, y evaluar la demanda del mercado para el proyecto son pasos esenciales para mitigar los riesgos potenciales.

Además, el cumplimiento de los requisitos reglamentarios es crucial tanto para los proyectos de ICO como para los inversores. Cumplir con los procedimientos de Conozca a su Cliente (KYC) y Anti-Lavado de Dinero (AML) puede ayudar a proteger a los inversionistas y mejorar la credibilidad del proyecto.

Por último, la seguridad es primordial en el espacio de las criptomonedas. Las ICO deben priorizar las auditorías de contratos inteligentes y medidas de seguridad sólidas para prevenir incidentes de piratería y salvaguardar los fondos de los inversores.

CAPÍTULO III

Factores que influyen en los precios de Altcoin

Sentimiento del mercado y noticias

En el vertiginoso y dinámico mundo de las criptomonedas, las altcoins se han convertido en un actor importante junto con Bitcoin. Si bien Bitcoin continúa dominando el mercado, las altcoins, que son criptomonedas alternativas a Bitcoin, han ganado popularidad debido a sus características y casos de uso únicos. Sin embargo, los precios de las altcoins están sujetos a una volatilidad considerable, a menudo influenciada por diversos factores, incluido el sentimiento del mercado y las noticias. Esta sección explorará el profundo impacto del sentimiento del mercado y las noticias sobre los precios de las altcoins. Las personas pueden tomar decisiones más informadas en este panorama en constante cambio si comprenden cómo las percepciones de los inversores y los eventos externos pueden influir en el mercado de altcoins.

El sentimiento del mercado se refiere a la actitud y percepción general de los inversores hacia un activo o mercado en particular. En el contexto de las altcoins, el sentimiento del mercado puede influir en gran medida en sus precios. El sentimiento positivo puede generar una mayor demanda, lo que eleva los precios, mientras que el sentimiento negativo puede generar presión de venta y provocar caídas de precios. Varios factores contribuyen al sentimiento del mercado, incluida la confianza de los inversores, las emociones y las percepciones sobre el futuro de una altcoin en particular.

La confianza de los inversores desempeña un papel crucial en la configuración del sentimiento del mercado. Los acontecimientos positivos, como asociaciones, avances tecnológicos o respaldos destacados, pueden aumentar la confianza de los inversores, lo que genera una perspectiva positiva para una altcoin. Por el contrario, los eventos negativos, como violaciones de seguridad, desafíos regulatorios o controversias entre equipos, pueden erosionar la confianza y crear un sentimiento bajista en el mercado.

Las emociones humanas, como el miedo y la codicia, tienen un impacto significativo en el sentimiento del mercado. Durante los períodos de sentimiento alcista, los inversores pueden mostrar miedo a perderse algo (FOMO), lo que genera una avalancha de actividad de compra. Por el contrario, durante un sentimiento bajista, las decisiones impulsadas por el miedo pueden provocar ventas de pánico, exacerbando las caídas de precios.

Comprender y gestionar los sesgos de comportamiento es fundamental para los inversores que buscan navegar eficazmente en el mercado de altcoins.

Los medios de comunicación y las plataformas de redes sociales tienen una profunda influencia en el sentimiento del mercado. La cobertura de noticias positivas, las críticas favorables o los respaldos influyentes pueden generar un sentimiento positivo y crear un frenesí de compras. Por el contrario, las noticias negativas, las campañas FUD (Miedo, Incertidumbre y Duda) o los informes sensacionalistas pueden desencadenar ventas de pánico y contribuir al sentimiento bajista.

Los eventos noticiosos dentro del espacio de las criptomonedas y el mundo financiero en general pueden causar fluctuaciones significativas en los precios de las altcoins. Las fuertes oscilaciones de precios y el aumento de los volúmenes de negociación suelen caracterizar los movimientos del mercado impulsados por las noticias. Los comerciantes e inversores siguen de cerca las noticias para identificar posibles oportunidades o amenazas a sus tenencias de altcoins.

Dentro de la industria de las criptomonedas, las noticias relacionadas con actualizaciones tecnológicas, mejoras de protocolos o el desarrollo de nuevos casos de uso pueden afectar significativamente los precios de las altcoins. Por ejemplo, los anuncios de asociaciones importantes o integraciones con plataformas destacadas pueden generar un sentimiento positivo y provocar una apreciación de los precios.

Las noticias y decisiones regulatorias tienen una influencia sustancial en el mercado de altcoins. Los avances regulatorios positivos, como la aprobación de regulaciones favorables a las criptomonedas, pueden fomentar la confianza de los inversores. Por el contrario, los anuncios regulatorios negativos o las medidas enérgicas contra las criptomonedas pueden generar miedo y provocar caídas de precios.

Los acontecimientos económicos globales, las tensiones geopolíticas o los indicadores macroeconómicos también pueden influir en los precios de las altcoins. Los factores económicos como las tasas de interés, las tasas de inflación o los cambios en las políticas fiscales pueden afectar indirectamente los precios de las criptomonedas, generando correlaciones con los mercados financieros tradicionales.

Es imposible sobreestimar el impacto de los medios y las redes sociales en el sentimiento del mercado. Los medios de comunicación, los foros en línea y las plataformas de redes sociales actúan como amplificadores, difundiendo información rápidamente y moldeando las percepciones de los inversores.

La cobertura de los medios de comunicación tradicionales puede presentar las criptomonedas y altcoins a una audiencia más amplia, generando interés y aumentando la demanda. La cobertura mediática positiva suele acompañar a los movimientos alcistas de los precios, ya que las criptomonedas captan la atención de los principales inversores que buscan rentabilidades potencialmente elevadas.

En el ecosistema de las criptomonedas, los sitios de redes sociales como Reddit, Twitter y Telegram son esenciales para la difusión de información. Las personalidades influyentes, conocidas como criptoinfluencers, pueden influir significativamente en el sentimiento del mercado con sus opiniones y respaldos. Un solo tweet o publicación de una figura destacada puede provocar movimientos sustanciales de precios.

Las redes sociales también pueden ser un caldo de cultivo para campañas FUD (Miedo, Incertidumbre y Duda) y manipulación del mercado. Los rumores falsos , la información engañosa y los esfuerzos coordinados para difundir sentimientos negativos pueden provocar oscilaciones abruptas de precios y alterar la estabilidad del mercado.

Los inversores pueden aprovechar las herramientas de análisis de sentimiento para medir con precisión el sentimiento del mercado. Estas herramientas utilizan procesamiento de lenguaje natural y algoritmos de aprendizaje automático para analizar artículos de noticias, publicaciones en redes sociales y debates relacionados con altcoins. Al monitorear las tendencias del sentimiento, los inversores pueden identificar cambios en la percepción del mercado y tomar decisiones basadas en datos.

En un entorno donde las noticias se difunden rápidamente, la verificación de hechos y la diligencia debida son esenciales. Los inversores deben verificar la autenticidad y credibilidad de las noticias antes de tomar decisiones comerciales. Confiar en fuentes confiables y realizar investigaciones exhaustivas puede ayudar a separar las noticias objetivas de la información errónea.

Mantenerse informado sobre la evolución de la industria, los cambios regulatorios y los acontecimientos económicos globales es crucial para que los inversores se adapten al sentimiento cambiante. La flexibilidad y la capacidad de reaccionar rápidamente son rasgos vitales para navegar en el volátil mercado de altcoins.

Desarrollos tecnológicos y actualizaciones

Las criptomonedas han experimentado un crecimiento exponencial, y las altcoins emergen como formidables contendientes al dominio de Bitcoin. Estas criptomonedas alternativas ofrecen características y casos de uso únicos, lo que las convierte en opciones atractivas para los inversores que buscan oportunidades diversificadas. En medio del dinámico mercado de altcoins, los desarrollos y actualizaciones tecnológicos se destacan como factores fundamentales que influyen en los precios de las altcoins. Esta sección profundizará en la importancia del progreso tecnológico en altcoins, explorando cómo los avances en la tecnología blockchain, las actualizaciones de protocolos y las características innovadoras impactan los precios de las altcoins. Al comprender la influencia de la tecnología, los inversores pueden tomar decisiones informadas con confianza, navegando por el panorama de las altcoins.

Los avances tecnológicos son la columna vertebral de la propuesta de valor de las altcoins. Estos avances tienen como objetivo superar las limitaciones de las redes blockchain existentes, mejorar la escalabilidad, la seguridad y la funcionalidad, y brindar soluciones a los desafíos del mundo real. Las altcoins que innovan e implementan mejoras tecnológicas con éxito obtienen una ventaja competitiva, atrayendo el interés y la demanda de los inversores.

Un aspecto crítico de los avances tecnológicos son las soluciones de escalabilidad. Las primeras criptomonedas, como Bitcoin, enfrentaron desafíos al manejar volúmenes de transacciones cada vez mayores. Para abordar este problema, las altcoins implementaron varias soluciones de escalabilidad, como tamaños de bloque mayores, soluciones de capa dos como Lightning Network y transacciones fuera de la cadena. Estas mejoras mejoran la usabilidad de las altcoins, haciéndolas más atractivas tanto para los usuarios como para los inversores.

Las mejoras de seguridad también son primordiales en el espacio de las criptomonedas. Los incidentes de piratería de alto perfil han afectado la confianza del mercado en ciertas criptomonedas. Las altcoins priorizan los protocolos de seguridad, implementan algoritmos criptográficos avanzados, billeteras con múltiples firmas y realizan auditorías de seguridad para salvaguardar los activos de los usuarios y garantizar la integridad de las transacciones.

Además, la integración de contratos inteligentes y aplicaciones descentralizadas (DApps) ha revolucionado el panorama de las altcoins. Altcoins como Ethereum fueron pioneras en el concepto de contratos inteligentes, permitiendo la creación de DApps . A medida que las DApps ganaron popularidad, las altcoins que las respaldan experimentaron una mayor demanda. Los contratos inteligentes abren nuevas posibilidades para diversas industrias, atrayendo a desarrolladores, inversores y usuarios a la plataforma, lo que puede provocar una apreciación de los precios.

Las actualizaciones y bifurcaciones de protocolos son eventos importantes que pueden provocar movimientos de precios en las altcoins. Las actualizaciones introducen nuevas características, mejoran el rendimiento de la red o abordan vulnerabilidades de seguridad, mientras que las bifurcaciones dan como resultado una división de la cadena de bloques, creando una nueva altcoin. Estos eventos pueden provocar una apreciación o depreciación del precio según las circunstancias.

Las actualizaciones positivas del protocolo que mejoran la funcionalidad, la seguridad o la usabilidad de las altcoins a menudo resultan en una apreciación del precio. Los inversores perciben las actualizaciones como una señal de progreso y posible adopción futura. Además, las actualizaciones pueden crear un sentimiento positivo, atraer nuevos inversores e impulsar la demanda de altcoin.

Sin embargo, no todas las actualizaciones o bifurcaciones de protocolos conducen a resultados positivos. Las bifurcaciones polémicas, en las que hay una falta de consenso entre la comunidad, pueden provocar división y pérdida de confianza de los inversores. En tales casos, los precios pueden depreciarse a medida que la incertidumbre y el miedo se afianzan. Además, si las actualizaciones del protocolo introducen errores o vulnerabilidades imprevistas, pueden provocar caídas temporales de precios hasta que se resuelvan los problemas.

Los mecanismos de gobernanza desempeñan un papel crucial en los procesos de toma de decisiones de las redes descentralizadas. Las altcoins que son pioneras en modelos de gobernanza innovadores pueden influir positivamente en sus precios.

Los mecanismos de gobernanza descentralizados, como la votación en cadena, permiten a los poseedores de tokens participar activamente en la toma de decisiones. Este enfoque democrático mejora la transparencia, fomenta un sentido de propiedad y potencialmente conduce a una mayor demanda y apreciación de los precios.

La gestión eficaz de los conflictos y el logro del consenso comunitario son aspectos esenciales de la gobernanza. Las altcoins que pueden sortear desacuerdos y llegar a consensos tienen más probabilidades de ganarse la confianza de los inversores, lo que repercute positivamente en sus precios.

La interoperabilidad y las soluciones entre cadenas se han convertido en áreas críticas de desarrollo en el espacio de las criptomonedas. Las altcoins que pueden interactuar perfectamente con otras redes y activos de blockchain obtienen una ventaja competitiva.

Una mayor adopción y casos de uso son algunos de los beneficios clave de la interoperabilidad. Las altcoins que ofrecen interoperabilidad aprovechan un ecosistema más amplio de aplicaciones y activos, atrayendo demanda e influyendo positivamente en sus precios.

Además, la interoperabilidad reduce la dependencia de las altcoins de una única cadena de bloques, mitigando la exposición a vulnerabilidades o congestión en una red específica. Esta diversificación mejora la confianza de los inversores y atrae nuevos inversores.

Cambios regulatorios y su impacto en Altcoins

El mundo de las criptomonedas se ha caracterizado por un rápido crecimiento e innovación, y las altcoins se han convertido en actores importantes junto con Bitcoin. Al ofrecer características y casos de uso únicos, las altcoins han atraído la atención de inversores que buscan diversificación en sus carteras. Sin embargo, el panorama regulatorio que rodea a las criptomonedas sigue siendo un terreno complejo y en constante cambio. Los gobiernos y las autoridades financieras de todo el mundo están reevaluando continuamente su postura sobre las monedas digitales, lo que lleva a varios cambios regulatorios que pueden impactar profundamente el mercado de altcoins. En esta sección, exploraremos el impacto de los cambios regulatorios en las altcoins, analizando cómo las regulaciones cambiantes influyen en sus precios, adopción y dinámica general del mercado. Al comprender la importancia del cumplimiento normativo, los inversores pueden navegar por el mercado de altcoins con mayor conciencia y confianza.

Los cambios regulatorios juegan un papel vital en la configuración del mercado de altcoins. A medida que los gobiernos y las instituciones financieras lidian con las implicaciones de las monedas digitales, han introducido una variedad de medidas regulatorias para regular su uso y comercio. Estos cambios tienen un impacto directo en el ecosistema de altcoins, lo que tiene consecuencias tanto positivas como negativas.

La protección del consumidor es un objetivo principal de los cambios regulatorios. Al proteger a los consumidores del fraude, las estafas y las prácticas engañosas, las regulaciones buscan infundir confianza en el mercado de altcoins. Las altcoins que priorizan la protección del consumidor y el cumplimiento de las regulaciones tienen más probabilidades de atraer inversores y obtener una adopción a largo plazo.

La estabilidad del mercado es otro aspecto al que apuntan los cambios regulatorios. El mercado de las criptomonedas es conocido por su alta volatilidad, a menudo impulsada por el comercio especulativo y el sentimiento del mercado. Las medidas regulatorias destinadas a mejorar la estabilidad del mercado pueden mitigar las oscilaciones excesivas de los precios y fomentar un entorno comercial más sostenible. Esto, a su vez, puede atraer a más inversores convencionales, beneficiando potencialmente al ecosistema de altcoins.

Además, las regulaciones contra el lavado de dinero (AML) y Conozca a su cliente (KYC) son cruciales para combatir actividades ilícitas y garantizar que las criptomonedas no se utilicen con fines ilegales. Las altcoins que cumplen con el cumplimiento AML/KYC demuestran un compromiso con prácticas responsables, que pueden influir positivamente en la confianza y la adopción de los inversores.

La claridad regulatoria es crucial para que el mercado de altcoins prospere. Los marcos regulatorios ambiguos o contradictorios pueden crear incertidumbre, lo que genera dudas entre los inversores potenciales. Por el contrario, unas regulaciones claras y bien definidas pueden proporcionar una claridad muy necesaria, atrayendo inversores institucionales y fomentando un entorno propicio para el desarrollo de altcoins.

La adopción institucional se ve significativamente afectada por la claridad regulatoria. Los inversores institucionales suelen exigir directrices claras y certeza regulatoria antes de ingresar al mercado de las criptomonedas. La claridad en cuestiones como los impuestos, la custodia y el cumplimiento puede afectar significativamente su proceso de toma de decisiones. A medida que aumenta la adopción institucional, la demanda de altcoins puede aumentar, lo que lleva a una posible apreciación de los precios.

Además, la claridad regulatoria influye en los proyectos y la innovación de altcoins. Las regulaciones ambiguas pueden provocar retrasos en los proyectos o renuencia a explorar nuevos casos de uso. Por el contrario, un entorno regulatorio favorable puede fomentar la innovación y atraer talento al espacio de las altcoins, fomentando un ecosistema próspero.

Si bien la claridad regulatoria es beneficiosa, las regulaciones demasiado restrictivas pueden obstaculizar el desarrollo y la adopción de altcoins. Algunas jurisdicciones han impuesto regulaciones estrictas que pueden limitar el crecimiento y el potencial de las altcoins.

Las regulaciones restrictivas sobre los intercambios de criptomonedas, por ejemplo, pueden reducir la liquidez y limitar las opciones comerciales para las altcoins. El acceso limitado a los intercambios puede dificultar que los inversores compren y vendan altcoins, lo que afecta sus precios y la dinámica general del mercado.

De manera similar, las restricciones al crowdfunding y a las ofertas iniciales de monedas (ICO) pueden sofocar la innovación y limitar el crecimiento de los proyectos de altcoins. El crowdfunding ha sido un método popular de recaudación de fondos para proyectos de altcoins, permitiéndoles recaudar capital y desarrollar sus visiones. El acceso restringido al crowdfunding puede obstaculizar el desarrollo de proyectos y obstaculizar la expansión del mercado de altcoins.

Además, las diferentes regulaciones entre jurisdicciones pueden llevar a la fragmentación del mercado. Ciertas altcoins pueden estar disponibles en algunas regiones pero no en otras, lo que crea ineficiencias en el mercado y limita la adopción global.

El mercado de altcoins es muy sensible a los cambios regulatorios. Los anuncios o cambios regulatorios importantes pueden desencadenar importantes movimientos de precios y cambios en el sentimiento del mercado.

Las noticias regulatorias positivas, como el reconocimiento de las criptomonedas como instrumentos financieros legales o la aprobación de regulaciones favorables a las criptomonedas, pueden impulsar un sentimiento alcista en el mercado de altcoins. Los inversores pueden interpretar estas noticias como una señal de creciente aceptación y adopción, lo que conducirá a una mayor demanda de altcoins.

Por otro lado, las noticias regulatorias negativas, como prohibiciones o medidas restrictivas, pueden generar un sentimiento bajista y caídas de precios. Los inversores pueden reaccionar ante la incertidumbre y el posible impacto negativo en los proyectos de altcoins, lo que generará presión de venta.

Liquidez del mercado y volumen de negociación

El mercado de las criptomonedas ha experimentado un crecimiento exponencial, y las altcoins emergen como contendientes importantes junto con Bitcoin. Al ofrecer características y casos de uso únicos, las altcoins han atraído a inversores que buscan diversificación y potencial de crecimiento. Sin embargo, la dinámica del mercado de altcoins está influenciada por varios factores clave, y la liquidez del mercado y el volumen de operaciones desempeñan un papel fundamental en la determinación de los precios de las altcoins. Esta sección explorará la importancia de la liquidez del mercado y el volumen de operaciones, analizando cómo estos factores impactan los precios de las altcoins y por qué los inversores deberían considerarlos cuidadosamente. Al comprender la relación entre la liquidez, el volumen de operaciones y los precios de las altcoins, los inversores pueden tomar decisiones informadas y navegar por el volátil mercado de las criptomonedas de forma más eficaz.

La liquidez del mercado se refiere a la facilidad con la que se puede comprar o vender un artículo sin tener un impacto significativo en su precio. Los inversores pueden ejecutar grandes operaciones en un mercado líquido sin provocar movimientos sustanciales de precios, lo que garantiza transacciones fluidas y eficientes. Por el contrario, los mercados ilíquidos experimentan caídas de precios, lo que significa que los pedidos grandes pueden causar fluctuaciones significativas de los precios.

El volumen de operaciones, por otro lado, representa la cantidad total de activos negociados dentro de un período específico, generalmente 24 horas. Los volúmenes elevados de negociación indican una participación activa en el mercado, mientras que los volúmenes bajos pueden indicar una disminución del interés o un posible estancamiento de los precios.

La liquidez del mercado es un determinante crucial de los precios de las altcoins, con varias implicaciones clave para los inversores.

La alta liquidez contribuye a la estabilidad de precios en el mercado de altcoins. Un mercado líquido puede absorber grandes órdenes de compra o venta sin provocar oscilaciones significativas de precios. Por el contrario, las altcoins ilíquidas son susceptibles a movimientos repentinos de precios, ya que incluso las operaciones relativamente pequeñas pueden tener un impacto sustancial.

Los inversores institucionales suelen buscar mercados líquidos para ejecutar grandes órdenes de manera eficiente. Un mercado líquido de altcoins atrae el interés institucional, ya que estos inversores pueden comprar o vender cantidades significativas sin afectar sustancialmente los precios. El aumento del capital institucional puede generar una mayor demanda y una posible apreciación del precio de la altcoin.

La baja liquidez puede hacer que las altcoins sean vulnerables a la manipulación del mercado por parte de ballenas o grandes tenedores. En mercados ilíquidos, una sola entidad con una cantidad sustancial de altcoin puede influir en los precios mediante la ejecución de grandes operaciones. Esta manipulación puede crear señales de precios falsas y engañar a los inversores minoristas.

El volumen de operaciones es un indicador crítico de la actividad del mercado y el interés en una altcoin en particular. Comprender el impacto del volumen de operaciones en los precios de las altcoins es crucial para los inversores.

Los altos volúmenes de negociación a menudo indican un fuerte interés del mercado y un impulso de los precios. El aumento de la actividad comercial puede hacer subir los precios, ya que la demanda supera la oferta. Por el contrario, los bajos volúmenes de negociación pueden indicar una disminución del interés o posibles correcciones de precios.

El volumen de operaciones y la liquidez están estrechamente relacionados. Los altos volúmenes de negociación suelen generar una mayor liquidez del mercado, lo que reduce el impacto de las grandes transacciones en los precios. Esto, a su vez, puede conducir a una reducción de la volatilidad de los precios. Por el contrario, los bajos volúmenes de negociación pueden exacerbar la volatilidad de los precios, haciendo que las altcoins sean susceptibles a fluctuaciones repentinas.

El análisis de los patrones del volumen de operaciones puede proporcionar información valiosa para los inversores. Un aumento repentino en el volumen de operaciones puede indicar noticias o desarrollos importantes relacionados con la altcoin. Por otro lado, la disminución de los volúmenes de negociación puede sugerir una pérdida de interés o un período de consolidación en el mercado.

La liquidez del mercado y el volumen de operaciones son consideraciones esenciales para los inversores que buscan comerciar o invertir en altcoins.

Comprender la liquidez del mercado y el volumen de operaciones es fundamental para una gestión eficaz del riesgo. Los inversores deben tener cuidado al negociar con altcoins ilíquidas, ya que puede resultar difícil salir de sus posiciones a los precios deseados. Además, la alta volatilidad de las altcoins de bajo volumen puede provocar pérdidas sustanciales si no se gestiona con cuidado.

Diversificar la cartera de altcoins en diferentes niveles de liquidez y volúmenes de negociación puede mitigar los riesgos. Combinar altcoins más líquidas con activos de mayor volumen puede proporcionar un equilibrio entre estabilidad y potencial de crecimiento.

Analizar los patrones de volumen de operaciones y las métricas de liquidez puede ayudar a los inversores a identificar posibles puntos de entrada o salida. Los cambios significativos en el volumen de operaciones pueden indicar condiciones de mercado favorables o desfavorables para altcoins específicas.

CAPÍTULO IV

Evaluación de proyectos Altcoin

La importancia de realizar una investigación exhaustiva

El mercado de las criptomonedas ha experimentado una popularidad y un crecimiento sin precedentes, y las altcoins emergen como contendientes destacados junto con Bitcoin. Estas criptomonedas alternativas ofrecen características y casos de uso únicos, lo que atrae a los inversores con la promesa de diversificación y posibles mayores rendimientos. Sin embargo, el mercado de altcoins es muy dinámico y puede estar plagado de riesgos, lo que hace que la investigación exhaustiva sea un aspecto indispensable de las inversiones en altcoins. Esta sección profundizará en la importancia de realizar una investigación exhaustiva antes de invertir en altcoins. Exploraremos los beneficios de la investigación, los riesgos potenciales de pasar por alto la diligencia debida y los factores clave que los inversores deben considerar para tomar decisiones informadas. Al comprender la importancia de la investigación, los inversores pueden navegar por el mercado de altcoins con mayor conciencia y confianza.

La realización de una investigación exhaustiva actúa como una estrategia crítica de mitigación de riesgos en el mercado de las criptomonedas. Con su inherente volatilidad y susceptibilidad a cambios repentinos de precios, el mercado de altcoins puede exponer a los inversores a posibles pérdidas. Al realizar investigaciones, los inversores pueden identificar posibles señales de alerta, estafas o altcoins de bajo rendimiento, lo que reduce la probabilidad de ser víctimas de proyectos fraudulentos o sufrir reveses financieros importantes.

Cada altcoin tiene su propio conjunto de fundamentos, incluida su tecnología subyacente, su caso de uso previsto, su equipo y su apoyo comunitario. Una investigación en profundidad permite a los inversores comprender estos factores, proporcionando información valiosa sobre el potencial de crecimiento y la viabilidad a largo plazo de la altcoin. Al comprender los fundamentos, los inversores pueden tomar decisiones informadas alineadas con sus objetivos de inversión y tolerancia al riesgo.

Una investigación exhaustiva permite a los inversores identificar proyectos prometedores de altcoins con tecnología innovadora, equipos de desarrollo sólidos y hojas de ruta claras. La identificación temprana de tales proyectos puede ofrecer una ventaja estratégica, permitiendo a los inversionistas participar en su trayectoria de crecimiento y obtener retornos sustanciales.

El mercado de las criptomonedas ha sido testigo de numerosas estafas y proyectos fraudulentos, que pueden provocar importantes pérdidas financieras y daños a la reputación de los inversores. No realizar una investigación exhaustiva expone a los inversores a estos riesgos, ya que, sin saberlo, pueden invertir en proyectos dudosos que carecen de valor genuino.

Las altcoins a menudo reciben publicidad y atención de los medios, lo que puede hacer subir los precios en el corto plazo. Sin embargo, invertir sin realizar una investigación puede conducir a decisiones impulsivas basadas en emociones en lugar de un análisis sólido. Estas inversiones son susceptibles a rápidas caídas de precios cuando el revuelo disminuye, lo que podría dejar a los inversores con pérdidas sustanciales.

Descuidar una investigación exhaustiva puede llevar a los inversores a pasar por alto aspectos cruciales de la viabilidad a largo plazo de una altcoin, como su escalabilidad tecnológica o su potencial para resolver problemas del mundo real. Ignorar estos factores puede resultar en invertir en proyectos con potencial de crecimiento limitado, lo que dificulta el logro de los objetivos de inversión.

Evaluar la tecnología y el caso de uso de la altcoin es de suma importancia. Comprender la tecnología blockchain subyacente, el mecanismo de consenso y el propósito previsto de la altcoin en el panorama más amplio del mercado puede proporcionar información valiosa sobre su potencial de adopción y crecimiento.

Los conocimientos y la experiencia del equipo de desarrollo son factores cruciales para el éxito de una altcoin. Además, una comunidad fuerte y comprometida puede fomentar el apoyo al proyecto, impulsar la adopción y contribuir a la sostenibilidad a largo plazo de la altcoin.

La liquidez del mercado y el volumen de operaciones desempeñan un papel importante en las inversiones en altcoins. Los mercados líquidos ofrecen mejores oportunidades de entrada y salida, mientras que las altcoins de bajo volumen pueden ser propensas a la manipulación de precios y a grandes fluctuaciones de precios, lo que las convierte en inversiones más riesgosas.

Evaluar el cumplimiento de la altcoin con los requisitos regulatorios es esencial para mitigar los riesgos legales. Es más probable que los proyectos que cumplan las directrices reglamentarias se ganen la confianza de los inversores y fomenten un entorno de inversión más seguro.

Los documentos técnicos sirven como documentos detallados que describen la tecnología, el propósito y la visión de la altcoin. El análisis de estos documentos es una fuente principal de información durante la investigación.

El sitio web oficial y los canales de redes sociales brindan información sobre el progreso del desarrollo, las actualizaciones y la participación de la comunidad de la altcoin.

Participar en foros y debates comunitarios permite a los inversores obtener perspectivas de otras partes interesadas, identificar posibles preocupaciones y explorar oportunidades de inversión.

Factores clave a considerar al evaluar proyectos de Altcoin

El mundo de las criptomonedas ha experimentado un crecimiento notable con la aparición de altcoins, que brindan a los inversores diversas oportunidades de inversión más allá de Bitcoin. Si bien el mercado de altcoins ofrece un inmenso potencial de ganancias, también presenta riesgos únicos debido a la gran cantidad de proyectos y su calidad variable. Para navegar con éxito en este complejo panorama, los inversores deben evaluar minuciosamente los proyectos de altcoins antes de tomar decisiones de inversión. En esta sección, exploraremos los factores clave que los inversores deben considerar al evaluar proyectos de altcoins. Al comprender y analizar estos factores, los inversores pueden tomar decisiones informadas, mitigar los riesgos y maximizar sus posibilidades de identificar inversiones prometedoras y valiosas en altcoins.

La tecnología subyacente es uno de los primeros factores a considerar al evaluar un proyecto de altcoin. Investigue el protocolo blockchain y el mecanismo de consenso utilizado por altcoin. Una tecnología robusta e innovadora es vital para la escalabilidad, la seguridad y la capacidad de resolver problemas del mundo real de manera efectiva. Una base tecnológica sólida garantiza que la altcoin pueda manejar grandes volúmenes de transacciones, mantener la seguridad contra posibles amenazas y admitir futuras actualizaciones.

Además, examine el caso de uso y la utilidad de la altcoin en el mercado. Un caso de uso sólido debe abordar un problema específico u ofrecer una solución que distinga a la altcoin de otras. Evaluar si el proyecto tiene aplicaciones prácticas y valor genuino para los usuarios. Un caso de uso claro y convincente aumenta el potencial de adopción y éxito a largo plazo de la altcoin.

Además, evaluar el avance de desarrollo del proyecto y los hitos alcanzados. Las actualizaciones de desarrollo transparentes y consistentes demuestran compromiso y progreso, aumentando la credibilidad del proyecto. Una hoja de ruta bien ejecutada con hitos alcanzados indica que el equipo de desarrollo puede cumplir sus promesas.

Los conocimientos y la experiencia del equipo de desarrollo desempeñan un papel crucial en la evaluación del éxito potencial de un proyecto de altcoin. Investigue las calificaciones y antecedentes de los miembros clave del equipo, incluidos desarrolladores, asesores y ejecutivos. Es más probable que un equipo experimentado con una trayectoria comprobada cumpla sus compromisos y complete el proyecto con éxito.

Además del equipo de desarrollo, considere el apoyo y el compromiso de la comunidad de altcoins. Una comunidad activa y comprometida es indicativa del éxito potencial de un proyecto. Una comunidad sólida puede brindar comentarios valiosos, fomentar la adopción e impulsar el interés en la altcoin. Analice foros comunitarios, canales de redes sociales y otras plataformas para medir el nivel de interés e interacción.

Realizar un análisis detallado del mercado en el que opera la moneda alternativa. Identificar competidores potenciales y evaluar cómo el proyecto se destaca entre ellos. Evaluar la demanda del mercado y el potencial de adopción. Comprender la posición de la altcoin en el panorama del mercado es crucial para predecir su potencial de crecimiento y su ventaja competitiva.

Determine la ventaja competitiva de la altcoin. ¿Qué características o atributos únicos posee que lo diferencian de otros proyectos? Una ventaja competitiva clara es esencial para el éxito a largo plazo, ya que ayuda a que la altcoin se destaque y se afiance firmemente en el mercado.

Considere el cumplimiento de la altcoin con los requisitos legales y regulatorios en las jurisdicciones relevantes. Los proyectos que cumplen con las regulaciones tienen más probabilidades de ganarse la confianza y fomentar la confianza de los inversores. Examine si el proyecto ha abordado desafíos legales o posibles obstáculos regulatorios.

Además del cumplimiento normativo, busque evidencia de medidas de seguridad y auditorías externas que garanticen la seguridad y credibilidad del proyecto. La seguridad es crucial en las criptomonedas, dada la prevalencia de la piratería y las amenazas cibernéticas.

Analizar la distribución y asignación de tokens. Una distribución justa y transparente puede indicar un compromiso genuino con la descentralización y evitar la concentración de poder. Busque detalles sobre cómo se distribuyen los tokens al equipo, los inversores y la comunidad. Un modelo de tokenómica bien diseñado garantiza que la economía de tokens se alinee con los objetivos a largo plazo del proyecto.

También es importante comprender la estructura de gobernanza y el proceso de toma de decisiones dentro del proyecto altcoin. Los mecanismos de gobernanza sólidos contribuyen a la transparencia y la participación de la comunidad. Investigue si la comunidad tiene voz en las decisiones importantes y cómo se resuelven los conflictos potenciales.

Evalúe la hoja de ruta de la altcoin para su desarrollo y expansión futuros. Una hoja de ruta clara y alcanzable muestra la visión y el compromiso a largo plazo del proyecto. Evalúe los hitos descritos en la hoja de ruta y si se alinean con la visión general del proyecto. Una hoja de ruta bien definida inspira confianza a los inversores y demuestra que el proyecto tiene una dirección clara.

Asegúrese de que la visión del proyecto se alinee con sus objetivos de inversión y tolerancia al riesgo. Una visión compartida aumenta la confianza en el éxito potencial de la altcoin. Considere si los objetivos y valores del proyecto se alinean con su propia estrategia de inversión.

Evaluación del equipo detrás del proyecto

Las criptomonedas han experimentado un aumento en popularidad, y las altcoins están ganando terreno como posibles oportunidades de inversión. A medida que el número de proyectos de altcoins sigue creciendo, los inversores se enfrentan al desafío de distinguir entre empresas prometedoras y empresas arriesgadas . Uno de los factores más críticos que puede afectar significativamente el éxito de un proyecto de altcoin es el equipo de desarrollo que lo respalda. Los conocimientos, la experiencia, la transparencia y la alineación del equipo con la visión del proyecto son cruciales para determinar el potencial de crecimiento y sostenibilidad a largo plazo del proyecto. Esta sección explorará la importancia de evaluar al equipo detrás de un proyecto de altcoin y los factores clave a considerar durante este proceso de evaluación.

El equipo de desarrollo es la fuerza impulsora detrás de cualquier proyecto de altcoin, transformando la visión del proyecto en una realidad tangible. Su experiencia técnica, capacidad de resolución de problemas y habilidades de ejecución son fundamentales para afrontar los desafíos del mercado de las criptomonedas y cumplir las promesas. Un equipo competente y experimentado puede manejar problemas técnicos complejos, preocupaciones de seguridad y cumplimiento normativo, reforzando la credibilidad del proyecto y aumentando la confianza de los inversores.

Además, la capacidad de respuesta del equipo a los desafíos es crucial para su eficacia. El mercado de las criptomonedas es muy dinámico y está sujeto a cambios rápidos y obstáculos imprevistos. Un equipo capaz puede adaptarse a los cambios del mercado, abordar las amenazas a la seguridad y ajustar la hoja de ruta del proyecto cuando sea necesario. La capacidad de afrontar desafíos demuestra profesionalismo y dedicación al éxito a largo plazo del proyecto.

Es esencial evaluar los antecedentes y la experiencia de los miembros clave del equipo. Investigue las calificaciones, la experiencia y los logros de los desarrolladores, asesores y ejecutivos. Es más probable que un equipo con diversas habilidades y experiencia relevante aborde varios aspectos del proyecto de manera efectiva. Evaluar su participación en proyectos exitosos anteriores también puede proporcionar información sobre su capacidad para cumplir con el proyecto actual.

La transparencia es un aspecto fundamental de cualquier proyecto de altcoin. Evaluar la comunicación del equipo con la comunidad y los inversionistas. Las actualizaciones periódicas, las explicaciones claras sobre los desarrollos del proyecto y la capacidad de respuesta a las consultas de la comunidad son indicadores de un equipo responsable y transparente. La comunicación abierta fomenta la confianza entre los inversores, permitiéndoles mantenerse informados sobre el progreso del proyecto.

Un sólido historial en proyectos anteriores es valioso para el equipo de desarrollo. Investigue el desempeño de sus esfuerzos anteriores y qué tan bien ejecutaron sus objetivos establecidos. Un equipo con un historial de cumplimiento de promesas y logro de hitos tiene más probabilidades de inspirar confianza en los inversores.

La estabilidad del equipo de desarrollo es crucial para el éxito a largo plazo del proyecto. Evalúe si los miembros del equipo central han estado involucrados en el proyecto desde su inicio o si ha habido cambios frecuentes en puestos clave. Es más probable que un equipo estable mantenga la continuidad, se concentre en lograr los objetivos del proyecto y construya una base sólida para el futuro.

Una comunidad comprometida es un activo valioso para cualquier proyecto de altcoins. Evaluar el nivel de participación de la comunidad en foros, canales de redes sociales y otras plataformas. Una comunidad activa y entusiasta puede brindar comentarios valiosos, fomentar la adopción e impulsar el interés en la altcoin.

Considere el respaldo y el apoyo de figuras destacadas o personas influyentes dentro de la comunidad de criptomonedas. Los comentarios positivos de personas de buena reputación pueden agregar credibilidad al proyecto y atraer más inversores. El apoyo de la comunidad también refleja la capacidad del equipo para establecer una buena relación y ganar confianza dentro del espacio criptográfico.

Evalúe si los miembros del equipo comparten una visión común para el proyecto altcoin. Un equipo cohesionado que se alinea con los objetivos del proyecto tiene más probabilidades de trabajar en colaboración y superar los desafíos de manera efectiva. Cuando los miembros del equipo sienten pasión por la visión del proyecto, su compromiso y dedicación se hacen evidentes en su trabajo.

Un equipo ambicioso y comprometido es esencial para el desarrollo a largo plazo del proyecto altcoin. Evalúe los planes del equipo más allá del lanzamiento inicial y considere si tienen una hoja de ruta para la mejora y expansión continuas. Un equipo que se dedica al desarrollo a largo plazo del proyecto tiene más probabilidades de capear las fluctuaciones del mercado y prosperar con el tiempo.

Comprensión de los documentos técnicos y la documentación del proyecto

En el mundo vertiginoso y en constante evolución de la inversión en altcoins, el documento técnico tiene una importancia primordial. El documento técnico, que sirve como modelo de un proyecto de altcoins, proporciona a los inversores información esencial sobre la visión, la tecnología y el impacto potencial del proyecto. Además de los documentos técnicos, otra documentación del proyecto es vital para evaluar la viabilidad a largo plazo de las inversiones en altcoins. Esta sección explora la importancia de los documentos técnicos y la documentación de proyectos, profundizando en cómo los inversores pueden descifrar estos documentos esenciales para tomar decisiones informadas en el dinámico mercado de altcoins.

Los documentos técnicos son el núcleo de los proyectos de altcoins y sirven como un modelo técnico y estratégico que describe los objetivos, los desafíos y las soluciones propuestas del proyecto. Como documento completo, el documento técnico detalla la propuesta de venta única (PVU) del proyecto y cómo pretende abordar los desafíos del mundo real utilizando la tecnología blockchain u otras soluciones innovadoras. Los inversores ven los documentos técnicos como una ventana al funcionamiento interno de un proyecto, comprendiendo sus fundamentos tecnológicos, su tokenómica y su potencial de éxito. Realizar un análisis exhaustivo del documento técnico es el primer paso para realizar la debida diligencia en cualquier proyecto de altcoin.
Un documento técnico bien estructurado debe abarcar varios elementos esenciales:

Introducción: el documento técnico comienza con una descripción general de los objetivos, la misión y la visión del proyecto, estableciendo el tono para lo que sigue.

Planteamiento del problema: Identificación clara del problema o desafío que el proyecto pretende resolver, creando una base para las soluciones propuestas.

Solución: explicación detallada de cómo el proyecto planea abordar el problema identificado, demostrando las

capacidades técnicas y las aplicaciones del mundo real de
la altcoin.

Tecnología: un desglose exhaustivo de la tecnología
subyacente y el mecanismo de consenso de la altcoin, que
brinda a los inversores información sobre su seguridad y
escalabilidad.

Tokenomics : Explicación de la utilidad del token y el
papel que juega dentro del ecosistema del proyecto,
incluyendo su distribución y modelo económico.

Casos de uso: aplicaciones e industrias del mundo real
que pueden beneficiarse de las soluciones del proyecto,
lo que muestra el impacto potencial de la altcoin.

Hoja de ruta: un cronograma que describe los hitos de
desarrollo del proyecto y la implementación planificada,
brindando a los inversionistas una comprensión del
progreso del proyecto.

Equipo y Asesores: Perfiles de los miembros y asesores
del equipo central, destacando su conocimiento y
experiencia, infundiendo confianza en el liderazgo del
proyecto.

Participación comunitaria: información sobre los
esfuerzos y planes de participación comunitaria del
proyecto para construir una base de usuarios sólida, lo
que demuestra la capacidad del proyecto para fomentar
una comunidad de apoyo.

Un documento técnico completo proporciona
transparencia, credibilidad e información vital que ayuda
a los inversores a evaluar el potencial y las perspectivas
a largo plazo del proyecto.

En los primeros días de las criptomonedas, los whitepapers eran documentos altamente técnicos diseñados para una audiencia principalmente técnica. Sin embargo, a medida que el mercado maduró, surgió la necesidad de documentos técnicos más fáciles de usar y accesibles. Los proyectos de Altcoin reconocieron la importancia de comunicar conceptos técnicos complejos de una manera que una audiencia más amplia pueda entender fácilmente. Los documentos técnicos fáciles de usar son ahora más comunes y presentan la propuesta de valor del proyecto de forma clara y concisa. Al hacer que los documentos técnicos sean más accesibles, los proyectos pueden atraer a una gama más amplia de inversores y fomentar un mayor compromiso.

Si bien los documentos técnicos tienen una importancia significativa, los inversores no deben confiar únicamente en este documento al evaluar un proyecto de altcoin. La documentación del proyecto va más allá de los documentos técnicos y puede incluir especificaciones técnicas, repositorios de GitHub, auditorías de código y foros comunitarios. Estas fuentes adicionales de información ofrecen una visión más completa del progreso del desarrollo del proyecto, las medidas de seguridad y la participación de la comunidad.

Revisar el repositorio GitHub del proyecto permite a los inversores medir el nivel de actividad del equipo de desarrollo y el progreso del código base del proyecto. Las auditorías de código realizadas por empresas externas acreditadas brindan garantía de seguridad adicional para los inversores.

Participar en foros y debates de la comunidad permite a los inversores medir el sentimiento de la comunidad, observar el nivel de participación y evaluar la capacidad de respuesta del equipo del proyecto a los comentarios de la comunidad. La participación de la comunidad puede ofrecer información valiosa y abordar cualquier inquietud o duda.

Con el aumento de estafas y proyectos fraudulentos en el mercado de altcoins, evaluar la credibilidad de los documentos técnicos se vuelve crucial. Para garantizar la legitimidad de un proyecto, los inversores deben considerar los siguientes factores:

Verificar las calificaciones y la experiencia de los miembros del equipo central y los asesores mencionados en el documento técnico es esencial para comprender las capacidades de liderazgo del proyecto.

Analizar la profundidad técnica de las soluciones propuestas y evaluar su viabilidad y posibles aplicaciones en el mundo real.

Evaluar si los objetivos y metas del proyecto son realistas y alcanzables dentro del plazo determinado ayuda a medir el potencial del proyecto.

Evaluar la transparencia del proyecto en la distribución de tokens, la asignación y los objetivos de recaudación de fondos es crucial para generar confianza.

Los proyectos que han sido sometidos a revisión por pares por parte de expertos independientes o académicos obtienen mayor credibilidad.

Al revisar los documentos técnicos y la documentación del proyecto, los inversores deben adoptar un enfoque crítico. Es esencial evitar aceptar afirmaciones al pie de la letra y comparar la información con fuentes externas. Buscar opiniones de expertos de la industria, participar en debates comunitarios y consultar a asesores confiables puede brindar ideas y perspectivas valiosas.

A medida que evoluciona el panorama regulatorio en torno a las criptomonedas, el cumplimiento regulatorio juega un papel vital en la evaluación de la legitimidad y la viabilidad a largo plazo de un proyecto de altcoin. Es probable que los proyectos que prioricen el cumplimiento de las regulaciones pertinentes y demuestren transparencia en sus operaciones ganen credibilidad y atraigan una base de inversionistas más amplia.

CAPÍTULO V

Estrategias comerciales de Altcoin

Diferentes enfoques para operar con Altcoins

Las criptomonedas han experimentado un aumento meteórico en popularidad, y las altcoins presentan a los inversores oportunidades interesantes más allá de Bitcoin. Las altcoins son criptomonedas alternativas que ofrecen características únicas y potencial para obtener ganancias sustanciales. A medida que se expande el mercado de altcoins, los inversores tienen acceso a una amplia gama de estrategias y enfoques comerciales para capitalizar estos activos digitales. Esta sección explorará los diferentes enfoques para el comercio de altcoins, cada uno de los cuales atiende a diversos apetitos de riesgo, estilos comerciales y objetivos de inversión.

El trading intradía es popular entre los traders activos que buscan capitalizar los movimientos de precios a corto plazo. Los comerciantes intradía compran y venden altcoins dentro del mismo día de negociación, con el objetivo de beneficiarse de las fluctuaciones de precios intradía. Esta estrategia requiere una comprensión profunda de las tendencias del mercado, análisis técnico y gestión de riesgos.

Los comerciantes intradía disfrutan de oportunidades de ganancias rápidas al explotar los movimientos de precios a corto plazo. Pueden aprovechar una exposición reducida a los riesgos a un día, ya que no mantienen posiciones más allá de una única sesión de negociación. Además, los comerciantes intradía tienen el potencial de realizar una alta frecuencia de negociación, ejecutando múltiples operaciones a lo largo del día para maximizar la rentabilidad.

Sin embargo, el comercio intradía de altcoins tiene sus desafíos. El mercado de altcoins es intrínsecamente volátil, lo que hace que el day trading sea una tarea de alto riesgo . La estrategia exige un seguimiento constante del mercado y una rápida toma de decisiones, lo que puede resultar agotador mental y emocionalmente. Además, el comercio frecuente puede generar costos de transacción más altos, lo que afecta la rentabilidad general.

El swing trading implica mantener posiciones en altcoins durante unos días o semanas, aprovechando los movimientos de precios a corto y mediano plazo. Esta estrategia se basa en el análisis técnico y las tendencias del mercado para identificar puntos de entrada y salida.

Los swing traders disfrutan captando tendencias a corto y mediano plazo, obteniendo potencialmente ganancias más sustanciales que los day traders. También se benefician de un menor ruido del mercado, ya que se centran en plazos más largos, minimizando el impacto de las fluctuaciones del mercado a corto plazo. Además, el swing trading requiere menos tiempo en comparación con el day trading, lo que permite una toma de decisiones y un análisis más relajados.

Sin embargo, el swing trading de altcoins también conlleva una serie de desafíos. Al igual que el day trading, la volatilidad inherente del mercado es motivo de preocupación. Mantener posiciones durante varios días puede exponer a los operadores a riesgos nocturnos y a acontecimientos inesperados en el mercado. Además, el swing trading implica menos operaciones, lo que potencialmente limita las oportunidades de ganancias en comparación con el day trading.

El comercio de tendencias implica identificar y seguir la tendencia predominante en el mercado. Los operadores ingresan posiciones cuando la tendencia se considera fuerte y salen cuando se debilita o se revierte. Los operadores de tendencias utilizan indicadores técnicos y patrones gráficos para confirmar la dirección de la tendencia.

Los operadores de tendencias aprovechan las tendencias fuertes y disfrutan potencialmente de períodos prolongados de impulso de precios. Filtran el ruido del mercado a corto plazo y las señales falsas centrándose en tendencias importantes. Además, el comercio de tendencias puede ser rentable tanto en mercados alcistas como bajistas, ya que los operadores pueden tomar posiciones cortas o largas.

Sin embargo, identificar las tendencias con precisión puede resultar complicado, ya que los mercados pueden experimentar períodos de consolidación o movimientos de precios entrecortados. Las entradas y salidas tardías pueden hacer que los operadores pierdan parte del potencial de ganancias de la tendencia. Además, apegarse a una estrategia comercial de tendencia requiere disciplina emocional, ya que puede resultar tentador abandonar posiciones prematuramente durante períodos de incertidumbre.

El especulación es una estrategia comercial a ultracorto plazo en la que los operadores ejecutan múltiples operaciones en minutos para capitalizar pequeños movimientos de precios. Los revendedores dependen de la liquidez y de los estrechos diferenciales entre oferta y demanda para generar ganancias.

El especulación permite obtener ganancias rápidas al capitalizar pequeños movimientos de precios, generando a menudo múltiples operaciones a lo largo de una sesión de negociación. Reduce la exposición a posibles riesgos a un día, ya que las posiciones se mantienen sólo brevemente. Además, evita la necesidad de mantener posiciones durante la noche, mitigando el riesgo asociado con acontecimientos inesperados del mercado.

Sin embargo, la especulación con altcoins también presenta desafíos. Los altos costos de transacción debidos al comercio frecuente pueden afectar significativamente la rentabilidad general. La estrategia exige una estrecha vigilancia del mercado, lo que genera elevadas exigencias mentales y emocionales. Por último, la volatilidad inherente de las altcoins sigue siendo una preocupación, ya que el scalping tiene como objetivo capitalizar pequeños movimientos de precios.

La inversión a largo plazo implica mantener posiciones en altcoins durante un período prolongado, a menudo meses o años, con la expectativa de un crecimiento sustancial con el tiempo. Este enfoque es adecuado para inversores que creen en el potencial a largo plazo de altcoins específicas.

Los inversores a largo plazo se benefician al capitalizar el crecimiento fundamental de las altcoins, independientemente de las fluctuaciones de precios a corto plazo. Disfrutan de una reducción del estrés comercial y de la toma de decisiones, ya que la inversión a largo plazo implica menos operaciones. Además, los inversores a largo plazo pueden crear una cartera diversa de altcoins, distribuyendo el riesgo entre múltiples activos.

Sin embargo, la inversión a largo plazo requiere paciencia y una fuerte creencia en el potencial de la altcoin, ya que un crecimiento significativo puede llevar tiempo. Los mercados de altcoins están sujetos a incertidumbre, cambios regulatorios y avances tecnológicos que pueden afectar los resultados de las inversiones a largo plazo. Mantener altcoins durante un período prolongado conlleva el riesgo de sufrir pérdidas significativas si el altcoin no funciona como se esperaba.

En conclusión, el mundo del comercio de altcoins ofrece diversas estrategias que se adaptan a diferentes apetitos de riesgo y objetivos de inversión. El trading intradía, el swing trading, el trading de tendencias, el scalping y la inversión a largo plazo tienen sus ventajas y desafíos únicos. Los operadores deben considerar su tolerancia al riesgo, su compromiso de tiempo y su comprensión del mercado para elegir el enfoque más adecuado.

Ninguna estrategia comercial única garantiza el éxito en el mercado de altcoins, altamente volátil e impredecible. Una gestión adecuada del riesgo, una investigación exhaustiva y un enfoque disciplinado son componentes esenciales de cualquier estrategia comercial. Al comprender los diversos enfoques para el comercio de altcoins, los inversores pueden tomar decisiones informadas, optimizar su rendimiento comercial y navegar con confianza en el panorama en constante cambio de las criptomonedas.

Herramientas de análisis técnico para el comercio de Altcoins

El mercado de las criptomonedas es conocido por su volatilidad y su naturaleza vertiginosa, lo que lo convierte en un atractivo campo de juego para los comerciantes que buscan capitalizar los movimientos de precios. Para predecir futuras fluctuaciones de precios, los comerciantes a veces utilizan el análisis técnico, que implica analizar las tendencias del mercado, así como los datos históricos de precios. Han surgido varias herramientas de análisis técnico para ayudar a los operadores a comprender el comportamiento del mercado de altcoins e identificar posibles oportunidades comerciales. En esta sección, exploraremos algunas de las herramientas de análisis técnico esenciales para el comercio de altcoins, sus aplicaciones y cómo se pueden utilizar para mejorar las estrategias comerciales.

Los gráficos de velas japonesas son una de las herramientas fundamentales del análisis técnico. Presentan datos de precios para un período específico, como un día o una hora, en un formato visual que se asemeja a velas japonesas. Cada vela representa los precios de apertura, máximo, mínimo y cierre durante el período de tiempo especificado.

Los gráficos de velas japonesas proporcionan información valiosa sobre los patrones de precios y el sentimiento del mercado. Los patrones de velas comunes, como doji , martillo y patrones envolventes, pueden indicar posibles cambios o continuación de una tendencia. Los operadores pueden utilizar gráficos de velas para identificar niveles clave de soporte y resistencia y medir la fuerza y el impulso del mercado.

Los promedios móviles son indicadores de seguimiento de tendencias que ayudan a los operadores a suavizar los datos de precios e identificar tendencias durante un período de tiempo específico. Las medias móviles simples (SMA) y las medias móviles exponenciales (EMA) son los dos tipos más utilizados.

Los profesionales del comercio pueden utilizar promedios móviles para obtener conocimientos importantes sobre la dirección de la tendencia y los probables puntos de entrada o salida. Por ejemplo, cuando el precio de una altcoin cruza por encima de su promedio móvil, puede indicar el comienzo de una tendencia alcista, mientras que un cruce por debajo del promedio móvil puede sugerir el comienzo de una tendencia bajista.

Un oscilador de impulso llamado índice de fuerza relativa (RSI) mide la rapidez y variedad de los cambios de precios. Oscila entre 0 y 100, con valores por encima de 70 sugiriendo situaciones de sobrecompra y por debajo de 30, sobreventa.

Los operadores utilizan el RSI para identificar posibles cambios de tendencia y divergencias entre el precio y el impulso. Cuando el precio alcanza mínimos más bajos mientras que el RSI alcanza mínimos más altos, esto se conoce como divergencia alcista e indica que la tendencia puede estar a punto de revertirse al alza. Por el contrario, aparece una divergencia bajista cuando el precio alcanza máximos más altos mientras que el RSI alcanza máximos más bajos, lo que apunta a una posible reversión de la tendencia a la baja.

Las Bandas de Bollinger se componen de dos líneas de desviación estándar (una por encima y otra por debajo de la media móvil) y una media móvil simple. La distancia entre las bandas se amplía durante períodos de alta volatilidad y se estrecha durante períodos de baja volatilidad.

Los comerciantes utilizan las Bandas de Bollinger para identificar posibles rupturas o reversiones de precios. Una condición de sobrecompra o sobreventa puede indicarse cuando el precio sale de las bandas superior o inferior. Los operadores también pueden utilizar las Bandas de Bollinger para identificar períodos de baja volatilidad, que pueden preceder a movimientos importantes de precios.

Según la secuencia de Fibonacci, los niveles de retroceso de Fibonacci se pueden utilizar para localizar niveles probables de soporte y resistencia en el gráfico de precios de una altcoin. Los niveles de retroceso de Fibonacci más utilizados son 38,2%, 50% y 61,8%.

Los operadores utilizan los niveles de retroceso de Fibonacci para identificar áreas donde es probable que el precio revierta o continúe su tendencia. Cuando el precio de una altcoin retrocede a uno de los niveles de Fibonacci, puede encontrar soporte o resistencia, proporcionando a los operadores posibles puntos de entrada o salida.

La Nube Ichimoku , también conocida como Ichimoku Kinko Hyo, es un indicador completo que proporciona información sobre la dirección de la tendencia, los niveles de soporte y resistencia, y posibles puntos de reversión.

La Nube Ichimoku consta de cinco líneas: Tenkan-sen , Kijun-sen , Senkou Span A, Senkou Span B y Chikou Span. El espacio entre Senkou Span A y Senkou Span B crea la nube, que representa niveles potenciales de soporte y resistencia.

Los comerciantes utilizan la nube Ichimoku para identificar la dirección de la tendencia y posibles cambios de tendencia. Cuando el precio está por encima de la nube, indica una tendencia alcista, mientras que un precio por debajo de la nube sugiere una tendencia a la baja. Además, el cruce de las líneas Tenkan-sen y Kijun-sen puede señalar posibles puntos de entrada o salida.

El análisis de volumen es un aspecto crucial del análisis técnico que proporciona información sobre la fuerza de los movimientos de precios. Se refiere a la cantidad de unidades de altcoin comercializadas durante un período específico.

Los comerciantes utilizan el análisis de volumen para confirmar las tendencias de los precios y las posibles reversiones. El aumento del volumen durante una tendencia alcista puede indicar una fuerte presión de compra, lo que respalda la continuación de la tendencia. Por el contrario, un aumento del volumen durante una tendencia bajista puede sugerir una fuerte presión de venta, lo que respalda la continuación del movimiento bajista.

Las herramientas de análisis técnico se han vuelto indispensables para los comerciantes de altcoins, ya que brindan información valiosa sobre las tendencias del mercado, el impulso y los posibles movimientos de precios. Los gráficos de velas japonesas, las medias móviles, el RSI, las bandas de Bollinger, el retroceso de Fibonacci, la nube Ichimoku y el análisis de volumen son algunas de las herramientas esenciales que se utilizan para tomar decisiones comerciales informadas.

Los operadores deben comprender las fortalezas y limitaciones de cada herramienta de análisis técnico y evitar depender únicamente de un indicador. La combinación de múltiples indicadores puede proporcionar una visión más completa del mercado de altcoins, lo que permite a los operadores desarrollar estrategias comerciales sólidas y tomar decisiones bien informadas.

Además, los operadores deben tener precaución y actuar siempre con la debida diligencia al utilizar herramientas de análisis técnico. Ninguna herramienta puede predecir los movimientos futuros de los precios con absoluta certeza, y el mercado de las criptomonedas sigue siendo muy volátil y especulativo. Al emplear herramientas de análisis técnico como parte de un enfoque comercial más amplio, los operadores pueden navegar por el mercado de altcoins con mayor conciencia y confianza, optimizando su desempeño comercial y sus estrategias de gestión de riesgos.

Gestionar riesgos y establecer órdenes de stop-loss

El mercado de las criptomonedas es conocido por su volatilidad y su naturaleza vertiginosa, lo que lo convierte en un atractivo campo de juego para los comerciantes que buscan capitalizar los movimientos de precios. Sin embargo, un gran potencial de ganancias conlleva un riesgo significativo. Los comerciantes deben abordar el comercio de altcoins con precaución y emplear estrategias efectivas de gestión de riesgos para proteger su capital y mitigar posibles pérdidas. Una herramienta esencial de gestión de riesgos en el comercio de altcoins es establecer órdenes de limitación de pérdidas. Esta sección abordará la importancia de la gestión de riesgos en el comercio de altcoins, el concepto de órdenes de limitación de pérdidas y cómo los operadores pueden implementarlas de manera efectiva para salvaguardar sus inversiones.

El comercio de altcoins implica navegar en un mercado que opera las 24 horas del día, los 7 días de la semana, con precios sujetos a fluctuaciones rápidas e impredecibles. Este nivel de volatilidad puede generar ganancias sustanciales, pero también expone a los operadores a riesgos importantes. Los traders exitosos entienden que gestionar los riesgos es tan crucial como identificar oportunidades rentables.

Una gestión de riesgos eficaz garantiza que los comerciantes protejan su capital de pérdidas catastróficas. Al asignar sólo una parte de su capital total al comercio de altcoins y establecer límites de riesgo claros, los operadores pueden minimizar el impacto de las operaciones individuales que salen mal. Las estrategias de gestión de riesgos proporcionan un marco que ayuda a los operadores a mantener la disciplina emocional, impidiéndoles tomar decisiones irracionales bajo la presión del mercado. El comercio sostenible requiere prácticas consistentes de gestión de riesgos. Los operadores que gestionan los riesgos de forma eficaz están mejor equipados para soportar las difíciles condiciones del mercado y permanecer en el juego comercial a largo plazo.

Una herramienta de gestión de riesgos utilizada en el comercio para ejecutar una orden de venta automáticamente cuando el precio de un activo alcanza un nivel predeterminado se conoce como orden de limitación de pérdidas. Está diseñado para limitar las pérdidas en una operación y proteger a los operadores de nuevas caídas de precios.

Dos tipos principales de órdenes de stop-loss son el stop-loss normal y el stop-loss dinámico. Una orden de stop loss normal se coloca a un nivel de precio específico por debajo del precio de entrada. Cuando el precio del activo cae a este nivel o por debajo de él, se activa la orden de limitación de pérdidas y se vende el activo. Por otro lado, una orden de trailing stop-loss se mueve dinámicamente con el precio del activo, manteniendo siempre una distancia establecida (especificada como un porcentaje o un valor fijo) por debajo del precio más alto alcanzado desde que se realizó la orden.

Establecer el nivel correcto de stop-loss es crucial para una gestión eficaz del riesgo. Colocar el stop-loss demasiado cerca del punto de entrada puede provocar salidas prematuras debido a fluctuaciones menores de precios, mientras que establecerlo demasiado lejos puede exponer a los operadores a pérdidas significativas. Antes de implementar órdenes de limitación de pérdidas, los operadores deben evaluar su tolerancia al riesgo. Esto implica determinar el porcentaje de su capital que están dispuestos a arriesgar en una sola operación. Una regla general utilizada comúnmente es arriesgar no más del 1-2% del capital comercial total en una operación determinada.

El análisis técnico puede ayudar a los operadores a identificar posibles niveles de limitación de pérdidas en función de los niveles de soporte y resistencia, patrones gráficos y otros indicadores técnicos. Colocar órdenes de limitación de pérdidas justo por debajo de niveles de soporte significativos puede proteger contra caídas repentinas de precios.

favor del comerciante , este puede considerar ajustar el nivel de límite de pérdidas para bloquear las ganancias y protegerse contra posibles reversiones. Esto se puede lograr utilizando órdenes de stop-loss dinámico, como se mencionó anteriormente.

Si bien las órdenes de limitación de pérdidas son valiosas herramientas de gestión de riesgos, los operadores deben ser conscientes de sus limitaciones. En mercados altamente volátiles, las órdenes de limitación de pérdidas pueden ser vulnerables a deslizamientos, donde la orden se ejecuta a un precio peor que el nivel predeterminado. Además, eventos extremos como caídas repentinas pueden hacer que se activen órdenes de limitación de pérdidas a precios significativamente por debajo del nivel previsto. En los mercados ilíquidos de altcoins, ejecutar órdenes de limitación de pérdidas al precio deseado puede resultar complicado debido a los bajos volúmenes de negociación y los amplios diferenciales entre oferta y demanda.

Además de las órdenes de limitación de pérdidas, la diversificación es una poderosa estrategia de gestión de riesgos en el comercio de altcoins. Distribuir las inversiones en múltiples altcoins con diferentes características puede reducir la exposición al riesgo de activos individuales.

En conclusión, una gestión eficaz del riesgo es fundamental para el éxito del comercio de altcoins. Establecer órdenes de limitación de pérdidas permite a los operadores limitar las pérdidas y proteger su capital de caídas importantes en el mercado. Comprender los diferentes tipos de órdenes de límite de pérdidas, definir la tolerancia al riesgo y emplear análisis técnico puede ayudar a los operadores a implementar estrategias de límite de pérdidas de manera efectiva.

Es esencial que los operadores sean conscientes de las limitaciones de las órdenes de limitación de pérdidas y consideren técnicas adicionales de gestión de riesgos, como la diversificación, para proteger aún más sus inversiones. Al incorporar órdenes de limitación de pérdidas y otras prácticas de gestión de riesgos en sus estrategias comerciales, los operadores de altcoins pueden navegar en el mercado volátil con más confianza y aumentar sus posibilidades de rentabilidad a largo plazo. A medida que evolucione el mercado de altcoins, la gestión eficaz del riesgo seguirá siendo crucial para el éxito de las iniciativas comerciales .

Construyendo una cartera diversificada de Altcoins

En el mundo de las criptomonedas en rápida evolución, las altcoins han surgido como activos digitales diversos, que ofrecen a los inversores oportunidades y desafíos únicos. A medida que el mercado de las criptomonedas se expande, crear una cartera diversificada de altcoins se ha convertido en una estrategia crucial para los inversores que buscan maximizar la rentabilidad y al mismo tiempo gestionar el riesgo. Esta sección explora la importancia de la diversificación, las estrategias para crear una cartera de altcoins diversificada y sus beneficios para los inversores.

Las características impredecibles y volátiles del mercado de las criptomonedas son bien conocidas. Si bien el potencial de ganancias significativas es atractivo, los riesgos asociados con las altcoins individuales pueden ser igualmente desalentadores. La diversificación es un principio fundamental en la inversión que tiene como objetivo distribuir el riesgo entre múltiples activos para protegerse contra pérdidas sustanciales. En el contexto de la inversión en altcoins, la diversificación tiene varias ventajas.

El principal objetivo de la diversificación es minimizar el impacto de las fluctuaciones de los precios de los activos individuales. Al asignar capital entre varias altcoins, los inversores pueden reducir el riesgo asociado con el bajo rendimiento de cualquier activo. Si bien algunas altcoins pueden experimentar caídas, otras pueden demostrar simultáneamente un desempeño positivo, creando un equilibrio dentro de la cartera.

Una cartera de altcoins bien diversificada está mejor equipada para resistir las fluctuaciones del mercado y mantener su valor a largo plazo. Si bien las altcoins individuales pueden ser susceptibles a la volatilidad de los precios, una cartera diversificada puede capear esas tormentas y proporcionar estabilidad general.

El panorama de las altcoins ofrece una gran cantidad de proyectos que abarcan diversas industrias y tecnologías. La diversificación permite a los inversores participar en el potencial de crecimiento de diferentes sectores dentro del mercado de las criptomonedas, aumentando la probabilidad de capturar oportunidades rentables.

La investigación exhaustiva y la diligencia debida son la base de una cartera de altcoins diversificada y exitosa. Los inversores deben examinar cuidadosamente los fundamentos, los equipos de desarrollo, los casos de uso y el potencial de mercado de cada altcoin antes de tomar decisiones de inversión. Una comprensión profunda de la tecnología y los problemas del mundo real que una altcoin pretende resolver es esencial para evaluar su viabilidad a largo plazo.

Los inversores deben asignar estratégicamente su capital entre diferentes altcoins en función de su tolerancia al riesgo y sus objetivos de inversión. Los inversores conservadores pueden optar por asignar una mayor parte de su capital a altcoins bien establecidas y de buena reputación con un historial comprobado. Por el contrario, los inversores tolerantes al riesgo pueden asignar una porción menor a altcoins prometedoras pero de mayor riesgo con potencial transformador.

La capitalización de mercado clasifica las altcoins en diferentes grupos: gran capitalización, mediana capitalización y pequeña capitalización. Diversificar entre diferentes capitalizaciones de mercado puede ser un enfoque prudente. Las altcoins de gran capitalización, como Ethereum y Cardano, ofrecen relativa estabilidad y liquidez, lo que las hace adecuadas para inversores conservadores. Las altcoins de mediana y pequeña capitalización, si bien son más volátiles, tienen un mayor potencial de crecimiento, lo que atrae a inversores que buscan mayores rendimientos.

El mercado de las criptomonedas alberga una amplia gama de altcoins, cada una de las cuales aborda industrias y casos de uso específicos. Distribuir las inversiones entre diferentes sectores puede mitigar los riesgos específicos de cada sector y permitir que los inversores participen en el crecimiento de las industrias emergentes.

El principal beneficio de una cartera diversificada de altcoins es la mitigación del riesgo. Si bien las altcoins individuales pueden experimentar volatilidad de precios o incluso disminuir, una cartera bien diversificada puede compensar las pérdidas con ganancias de otros activos, preservando el valor general de la cartera.

La diversificación puede desbloquear el potencial de obtener mayores retornos generales. Dado que las diferentes altcoins experimentan diferentes tasas de crecimiento, una cartera bien diversificada permite a los inversores beneficiarse del crecimiento general del mercado de criptomonedas.

El mercado de las criptomonedas es un semillero de innovación, que introduce constantemente nuevas tecnologías y proyectos. Una cartera diversificada de altcoins expone a los inversores a avances de vanguardia, lo que aumenta el potencial de capitalizar tecnologías disruptivas.

Las condiciones del mercado pueden ser impredecibles y varios factores influyen en los precios de las altcoins. Una cartera diversificada ofrece una mayor resiliencia contra las caídas del mercado, los cambios regulatorios o los eventos geopolíticos que pueden afectar las altcoins individuales.

Crear una cartera diversificada de altcoins es un enfoque prudente para los inversores que buscan navegar con éxito en el volátil mercado de las criptomonedas. La diversificación distribuye el riesgo entre múltiples activos, reduciendo la vulnerabilidad a las fluctuaciones de cualquier altcoin. La investigación exhaustiva, la asignación estratégica de capital y la diversificación entre capitalizaciones de mercado e industrias son elementos clave para construir una cartera de altcoins bien diversificada.

A medida que evoluciona el mercado de las criptomonedas, los inversores deben mantenerse informados sobre la evolución de la industria, las tendencias del mercado y los cambios regulatorios. Una cartera diversificada de altcoins, junto con un seguimiento continuo y un reequilibrio periódico, permite a los inversores adaptarse a la dinámica del mercado y capitalizar las oportunidades cada vez mayores que presenta el vasto y dinámico mundo de las altcoins. Al implementar estrategias sólidas de diversificación, los inversores pueden posicionarse para el éxito a largo plazo y el crecimiento potencial en el próspero mercado de altcoins.

CAPÍTULO VI

Carteras Altcoin y seguridad

Descripción general de las carteras Altcoin

La llegada de las criptomonedas ha revolucionado el concepto de finanzas digitales, permitiendo a las personas tomar el control de sus activos sin la necesidad de instituciones bancarias tradicionales. A medida que el mercado de las criptomonedas continúa expandiéndose, ha surgido una amplia gama de activos digitales, conocidos como altcoins, que ofrecen oportunidades de inversión únicas. Sin embargo, los inversores necesitan herramientas especializadas conocidas como carteras de altcoins para gestionar y acceder a estas altcoins de forma segura. Esta sección proporciona una descripción general completa de las billeteras de altcoins, explorando sus tipos, características y la importancia primordial de seleccionar la billetera adecuada para salvaguardar su riqueza digital.

Las billeteras Altcoin sirven como puertas de enlace digitales que permiten a los usuarios almacenar, enviar y recibir criptomonedas más allá del Bitcoin dominante. A diferencia de las carteras tradicionales que contienen moneda física, las carteras de altcoins no almacenan monedas en sí mismas; más bien, administran las claves privadas necesarias para acceder y controlar los fondos asociados con direcciones blockchain específicas.

Estas billeteras vienen en varias formas, cada una de las cuales satisface diferentes preferencias de usuario, necesidades de seguridad y niveles de conveniencia. Como actores fundamentales en el ecosistema de las criptomonedas, las carteras de altcoins desempeñan un papel vital para garantizar el almacenamiento seguro de los activos digitales y facilitar transacciones sin fricciones.

Las billeteras Altcoin vienen en varias variaciones, cada una diseñada para satisfacer las diversas necesidades y preferencias de los usuarios. Los principales tipos de billeteras altcoins incluyen:

Las billeteras de escritorio, que brindan a los usuarios acceso directo a claves privadas, se instalan en sus computadoras. Equilibran la seguridad y la accesibilidad, ya que se puede acceder a ellos sin conexión, lo que proporciona inmunidad a las amenazas en línea. Sin embargo, los usuarios deben tener en cuenta el posible malware y daños físicos a sus computadoras.

Diseñadas para teléfonos inteligentes, las billeteras móviles brindan la conveniencia de acceder a altcoins sobre la marcha. Protegidos por PIN o autenticación biométrica, son ideales para las transacciones diarias. Sin embargo, los dispositivos móviles pueden ser susceptibles a la piratería, lo que requiere que los usuarios tomen precauciones adicionales.

Las carteras de hardware USB son dispositivos externos que almacenan claves privadas sin conexión. Ofrecen el más alto nivel de seguridad y protegen las altcoins de las amenazas en línea. Los usuarios solo conectan la billetera de hardware a una computadora o teléfono inteligente cuando es necesario, lo que reduce la exposición a posibles vulnerabilidades.

Las billeteras de hardware para tarjetas inteligentes son dispositivos de billetera que se parecen a las tarjetas de crédito o débito y utilizan microchips seguros para almacenar claves privadas. Las carteras de hardware para tarjetas inteligentes son portátiles y fáciles de usar, lo que las convierte en una opción atractiva para quienes buscan facilidad de uso combinada con una seguridad sólida.

Se puede acceder a las billeteras en línea a través de navegadores web y no requieren ninguna descarga. Ofrecen comodidad y facilidad de uso, lo que los hace adecuados para transacciones rápidas. Sin embargo, son más vulnerables a la piratería y las violaciones de seguridad, ya que un tercero administra las claves privadas.

Las billeteras de papel implican imprimir o escribir físicamente claves privadas y direcciones públicas en papel. Este tipo de billetera está completamente fuera de línea y ofrece una excelente seguridad contra amenazas digitales. Los usuarios deben almacenar el papel de forma segura para evitar daños físicos o pérdidas.

Las billeteras Altcoin vienen con varias características y consideraciones de seguridad, lo que garantiza la protección de los activos digitales y facilita transacciones fluidas. Las características importantes incluyen:

El aspecto más crucial de las carteras de altcoins es la gestión de claves privadas. Las claves privadas actúan como firmas digitales, proporcionando propiedad y acceso a los fondos. Las billeteras que otorgan a los usuarios control total sobre sus claves privadas ofrecen mayor seguridad, eliminando la dependencia de terceros.

Muchas billeteras admiten múltiples criptomonedas, lo que permite a los usuarios administrar varias altcoins dentro de una única interfaz. Esta característica es valiosa para inversores con diversas carteras de criptomonedas.

Al pedir a los usuarios que proporcionen una segunda forma de verificación además de su contraseña, como una contraseña de un solo uso enviada por mensaje de texto a su dispositivo móvil, la autenticación de dos factores ofrece una capa adicional de seguridad.

Las billeteras que ofrecen opciones de respaldo y recuperación garantizan que los usuarios puedan recuperar sus fondos en caso de pérdida, daño o eliminación accidental de la billetera. Los procedimientos de copia de seguridad suelen implicar frases mnemotécnicas o semillas de recuperación.

Seleccionar la billetera altcoin adecuada es fundamental para salvaguardar los activos digitales y garantizar una experiencia de usuario perfecta. Los factores a tener en cuenta al elegir una billetera incluyen:

La seguridad es primordial en el espacio de las criptomonedas. Los usuarios deben priorizar las billeteras con funciones de seguridad sólidas, como control total sobre claves privadas, autenticación multifactor y opciones de almacenamiento fuera de línea.

La facilidad de uso y la interfaz de usuario de una billetera son vitales, especialmente para los recién llegados al mundo de las criptomonedas. La navegación intuitiva y las instrucciones claras son esenciales para evitar posibles errores.

Los usuarios deben considerar la compatibilidad de la billetera elegida con sus dispositivos y sistemas operativos. Algunas billeteras son compatibles únicamente con altcoins específicas, lo que limita su funcionalidad.

Es fundamental investigar el historial y la reputación del proveedor de la billetera. Las reseñas de los usuarios y los comentarios de la comunidad pueden proporcionar información valiosa sobre la confiabilidad y el rendimiento de la billetera.

Las billeteras Altcoin son herramientas indispensables para administrar y proteger varias criptomonedas más allá de Bitcoin. Desempeñan un papel vital a la hora de facilitar transacciones fluidas y al mismo tiempo proteger los activos digitales de los usuarios de posibles amenazas. Con varios tipos de billeteras disponibles, los usuarios deben considerar cuidadosamente sus necesidades de seguridad, conveniencia y compatibilidad con sus carteras de altcoins.

Elegir la billetera altcoin adecuada implica evaluar exhaustivamente las características, las medidas de seguridad y la reputación de la comunidad. Al adoptar las mejores prácticas y mantenerse informados sobre el panorama cambiante de las billeteras de altcoins, los usuarios pueden garantizar la seguridad de sus activos digitales y navegar con confianza en el apasionante mundo de las criptomonedas. Las billeteras Altcoin permiten a los usuarios tomar el control total de su riqueza digital, aprovechando el potencial revolucionario de las criptomonedas en el panorama financiero moderno.

Tipos de billeteras Altcoin (por ejemplo, billeteras de hardware, billeteras de software)

Las criptomonedas han marcado el comienzo de una nueva era de autonomía financiera y transacciones descentralizadas. Con Bitcoin a la cabeza, han surgido muchas monedas digitales alternativas, conocidas como altcoins, cada una de las cuales ofrece características y oportunidades de inversión únicas. Sin embargo, en este panorama en rápida evolución, la seguridad de estos activos digitales se vuelve primordial. Las billeteras Altcoin, las contrapartes digitales de las billeteras tradicionales, son cruciales para garantizar el almacenamiento, envío y recepción seguros de altcoins. En esta sección, exploraremos los distintos tipos de billeteras de altcoins, incluidas las billeteras de hardware y las billeteras de software, profundizando en sus características distintivas y la importancia de seleccionar la billetera adecuada para salvaguardar su riqueza digital.

Las billeteras Altcoin actúan como bóvedas virtuales que permiten a los usuarios administrar sus altcoins de forma segura. A diferencia de las billeteras convencionales que contienen efectivo físico, estas contrapartes digitales no almacenan las monedas. En cambio, almacenan claves privadas, que son claves criptográficas necesarias para acceder a direcciones específicas de blockchain. Los usuarios mantienen el control sobre sus altcoins al poseer las claves privadas.

Las carteras de hardware USB son dispositivos físicos que se conectan a una computadora o teléfono inteligente a través de USB. Estas billeteras están diseñadas para almacenamiento fuera de línea, lo que brinda una capa adicional de seguridad al mantener las claves privadas aisladas de los dispositivos conectados a Internet. La billetera de hardware genera y firma transacciones internamente, asegurando que las claves privadas nunca salgan del dispositivo. Esta característica hace que las billeteras de hardware USB sean altamente seguras, ya que protegen las altcoins de amenazas en línea, como piratería y ataques de malware.

Las carteras de hardware para tarjetas inteligentes se parecen a las tarjetas de crédito o débito y utilizan microchips seguros para almacenar claves privadas. Estas tarjetas son portátiles y fáciles de usar, lo que las convierte en una opción atractiva para los usuarios que buscan comodidad y seguridad. Cuando es necesario ejecutar una transacción, el usuario inserta la tarjeta inteligente en un dispositivo compatible, como un lector de tarjetas o un teléfono inteligente, para acceder a las claves privadas de forma segura. Al igual que las carteras de hardware USB, las carteras de hardware de tarjetas inteligentes ofrecen almacenamiento fuera de línea, lo que protege a las altcoins de posibles amenazas cibernéticas.

Las billeteras de escritorio son aplicaciones de software instaladas en la computadora de un usuario. Proporcionan control directo sobre claves privadas y transacciones de altcoins. Las carteras de escritorio ofrecen un buen equilibrio entre seguridad y accesibilidad, ya que pueden usarse sin conexión, lo que reduce el riesgo de ataques en línea. Sin embargo, los usuarios deben asegurarse de que sus computadoras estén adecuadamente protegidas contra malware y virus para mantener la seguridad de la billetera.

Las billeteras móviles están diseñadas para teléfonos inteligentes y ofrecen la conveniencia de administrar altcoins sobre la marcha. Estas billeteras se usan comúnmente para transacciones diarias debido a su portabilidad y facilidad de uso. Las billeteras móviles están protegidas mediante PIN o autenticación biométrica, lo que garantiza que solo el propietario pueda acceder a la billetera. Sin embargo, la seguridad de las billeteras móviles puede ser una preocupación si el dispositivo se pierde o es robado, por lo que es crucial que los usuarios tomen las medidas de seguridad adecuadas, como habilitar funciones de bloqueo del dispositivo y realizar copias de seguridad periódicas de la billetera.

Las billeteras en línea son plataformas basadas en web a las que se puede acceder a través de navegadores web. Ofrecen acceso conveniente a altcoins desde cualquier dispositivo conectado a Internet, eliminando la necesidad de instalar software. Las billeteras en línea son adecuadas para transacciones rápidas y, a menudo, se utilizan para operar en intercambios de criptomonedas. Sin embargo, estas billeteras requieren que los usuarios confíen sus claves privadas a proveedores externos, lo que introduce un elemento de riesgo. Los usuarios deben elegir proveedores de billeteras en línea seguras y de buena reputación para minimizar la posibilidad de piratería informática o violaciones de seguridad.

Una forma de almacenamiento fuera de línea en la que los usuarios imprimen o anotan físicamente sus claves privadas y direcciones públicas en papel se conoce como billeteras de papel. Dado que las claves privadas nunca se almacenan digitalmente, las billeteras de papel son muy seguras e inmunes a los ataques en línea. Sin embargo, los usuarios deben almacenar el documento físico de forma segura para evitar daños, pérdidas o acceso no autorizado. Las billeteras de papel son adecuadas para el almacenamiento a largo plazo de altcoins que no están destinadas a transacciones frecuentes.

Las billeteras Altcoin vienen con varias características y consideraciones de seguridad, lo que garantiza la protección de los activos digitales y facilita transacciones fluidas. Las características importantes incluyen:

El aspecto más crítico de cualquier billetera altcoin es la gestión de claves privadas. Las billeteras que permiten a los usuarios mantener el control total sobre sus claves privadas ofrecen el más alto nivel de seguridad. Al mantener las claves privadas fuera de línea e inaccesibles para los piratas informáticos, las carteras de hardware garantizan la seguridad de los activos digitales.

Muchas billeteras de altcoins admiten múltiples criptomonedas, lo que brinda a los usuarios la conveniencia de administrar varios activos digitales en un solo lugar. Esta característica es beneficiosa para inversores con diversas carteras de criptomonedas.

La autenticación de dos factores ofrece una capa adicional de seguridad para las billeteras al requerir que los usuarios proporcionen una segunda forma de verificación, como una contraseña de un solo uso o autenticación biométrica, además de su contraseña. 2FA ayuda a prevenir el acceso no autorizado incluso si la contraseña de un usuario está comprometida.

Las billeteras que ofrecen opciones de respaldo y recuperación permiten a los usuarios recuperar sus altcoins en caso de pérdida, daño o eliminación accidental de la billetera. Los procedimientos de copia de seguridad suelen implicar frases mnemotécnicas o semillas de recuperación, que se utilizan para restaurar la billetera y acceder a los fondos.

Seleccionar la billetera altcoin adecuada es crucial para salvaguardar los activos digitales y garantizar una experiencia de usuario perfecta. Los factores a tener en cuenta al elegir una billetera incluyen:

La seguridad es primordial en el espacio de las criptomonedas. Los usuarios deben priorizar las billeteras con funciones de seguridad sólidas, como control total sobre claves privadas, autenticación multifactor y opciones de almacenamiento fuera de línea.

La facilidad de uso y la interfaz de usuario de una billetera son vitales, especialmente para los recién llegados al mundo de las criptomonedas. La navegación intuitiva y las instrucciones claras son esenciales para evitar posibles errores.

Los usuarios deben considerar la compatibilidad de la billetera elegida con sus dispositivos y sistemas operativos. Algunas billeteras son compatibles únicamente con altcoins específicas, lo que limita su funcionalidad.

Es fundamental investigar el historial y la reputación del proveedor de la billetera. Las reseñas de los usuarios y los comentarios de la comunidad pueden proporcionar información valiosa sobre la confiabilidad y el rendimiento de la billetera.

En el mundo de las criptomonedas en constante evolución, las carteras de altcoins desempeñan un papel indispensable en la protección de los activos digitales. Los diversos tipos de billeteras, incluidas las de hardware y las de software, satisfacen las diferentes necesidades y preferencias de los usuarios. Mientras que las carteras de hardware ofrecen una seguridad incomparable a través del almacenamiento fuera de línea, las carteras de software brindan la comodidad de la accesibilidad sobre la marcha. Las billeteras en línea ofrecen transacciones rápidas pero requieren que los usuarios confíen sus claves privadas a proveedores externos. Mientras tanto, las billeteras de papel garantizan la máxima seguridad mediante el almacenamiento fuera de línea de claves privadas.

Elegir la billetera altcoin adecuada implica una evaluación exhaustiva de las características, las medidas de seguridad y la reputación de la comunidad. Los usuarios pueden garantizar la seguridad de sus activos digitales y aprovechar con valentía el potencial transformador de las criptomonedas en el entorno financiero moderno adoptando las mejores prácticas y manteniéndose actualizados sobre el panorama cambiante de las carteras de altcoins. Las billeteras Altcoin permiten a los usuarios tomar el control total de su riqueza digital, aprovechando el potencial revolucionario de las criptomonedas en el panorama financiero moderno.

Mejores prácticas para asegurar las tenencias de Altcoin

En el panorama en constante evolución de las criptomonedas, las altcoins han surgido como una gama diversa de activos digitales que ofrecen oportunidades de inversión únicas más allá del Bitcoin tradicional. A medida que los inversores exploran este mercado dinámico, la importancia de asegurar las tenencias de altcoins se vuelve primordial. A diferencia de los sistemas financieros tradicionales, las criptomonedas brindan a las personas un control total sobre su riqueza digital, pero esta libertad conlleva una gran responsabilidad de proteger estos activos de posibles amenazas. Esta sección profundiza en las mejores prácticas para proteger las tenencias de altcoins, destacando estrategias y medidas clave para salvaguardar su riqueza digital en este panorama dinámico e impredecible.

Antes de profundizar en las mejores prácticas, es fundamental comprender el panorama de seguridad en el que existen las tenencias de altcoins. La naturaleza descentralizada de las criptomonedas significa que los usuarios tienen propiedad y control directo sobre sus activos digitales. Sin embargo, esto también implica que la responsabilidad de asegurar las tenencias de altcoins recae enteramente en el individuo. La naturaleza digital de las criptomonedas las hace vulnerables a la piratería, los ataques de phishing y otras amenazas cibernéticas, lo que subraya la necesidad de implementar medidas de seguridad sólidas.

La base de la seguridad de las altcoins radica en seleccionar una billetera de altcoins confiable y segura. Como se mencionó anteriormente, las billeteras de hardware como las billeteras de hardware USB y las billeteras de hardware de tarjetas inteligentes ofrecen el más alto nivel de seguridad al mantener las claves privadas fuera de línea. Las carteras de software, como las de escritorio y móviles, brindan comodidad pero requieren medidas de seguridad diligentes, como actualizaciones periódicas de software y contraseñas seguras.

Una precaución de seguridad importante que proporciona un grado adicional de seguridad para sus activos de altcoins es la autenticación de dos factores (2FA). Incluso si su contraseña está comprometida, 2FA ayuda a prevenir el acceso no deseado al requerir una segunda forma de verificación además de su contraseña, como una contraseña de un solo uso entregada en su dispositivo móvil.

Es esencial crear contraseñas seguras y únicas para su billetera altcoin y las cuentas asociadas. Evite el uso de contraseñas fáciles de adivinar, como cumpleaños o frases comunes. En su lugar, opte por contraseñas largas con una combinación de letras minúsculas y mayúsculas, números y caracteres especiales. Además, absténgase de reutilizar contraseñas en diferentes plataformas para evitar que una sola infracción afecte a varias cuentas.

Mantener actualizado el software y el firmware de su billetera altcoin es crucial para mantener una seguridad óptima. Los desarrolladores publican continuamente actualizaciones para abordar vulnerabilidades y mejorar las medidas de seguridad. Al instalar actualizaciones rápidamente, se asegura de que las defensas de su billetera se mantengan fuertes contra amenazas potenciales.

Realice copias de seguridad periódicas de su billetera altcoin para protegerla contra pérdida de datos o fallas de hardware. Muchas billeteras ofrecen opciones de respaldo y recuperación a través de frases mnemotécnicas o semillas de recuperación. Guarde estas copias de seguridad en ubicaciones seguras, como unidades USB cifradas o billeteras de papel físicas, lejos de miradas indiscretas y peligros potenciales.

Los ataques de phishing siguen siendo una amenaza frecuente en el espacio de las criptomonedas. Esté atento y cauteloso con los correos electrónicos, sitios web o mensajes sospechosos que afirman ser de plataformas de criptomonedas o proveedores de billeteras. Verifique siempre la autenticidad de las comunicaciones y vuelva a verificar las URL antes de ingresar información confidencial.

Para las tenencias de altcoins destinadas a inversiones a largo plazo, considere utilizar soluciones de almacenamiento en frío. El almacenamiento en frío implica mantener las claves privadas fuera de línea, protegiéndolas de posibles ataques en línea. Las carteras de hardware son una opción popular para el almacenamiento en frío, ya que ofrecen un equilibrio entre seguridad y accesibilidad.

La diversificación es una estrategia prudente en el mercado de las criptomonedas. En lugar de concentrar todas sus tenencias en una sola altcoin o billetera, distribuya sus inversiones en múltiples altcoins y billeteras. La diversificación ayuda a mitigar los riesgos asociados con la volatilidad de los precios y las posibles vulnerabilidades de la billetera.

Asegurar las tenencias de altcoins es un proceso continuo que requiere vigilancia y monitoreo. Revise periódicamente la configuración de seguridad de su billetera, actualice las contraseñas y controle el historial de transacciones para detectar cualquier actividad inusual. Para estar un paso por delante de posibles atacantes, manténgase al día con los riesgos de seguridad más recientes y las mejores prácticas de la industria.

Asegurar las tenencias de altcoins es un aspecto esencial para navegar de manera segura en el panorama de las criptomonedas. La descentralización de las criptomonedas brinda a los usuarios un control incomparable sobre su riqueza digital. Sin embargo, este empoderamiento también implica una responsabilidad significativa para salvaguardar estos activos de amenazas potenciales. Al adoptar las mejores prácticas, como elegir la billetera de altcoins adecuada, habilitar la autenticación de dos factores, usar contraseñas seguras y actualizar el software periódicamente, los inversores pueden mejorar significativamente la seguridad de sus tenencias de altcoins.

La diligencia a la hora de monitorear y mantenerse informado sobre las últimas medidas de seguridad es crucial para mantener una defensa sólida contra las amenazas cibernéticas. A medida que el mercado de las criptomonedas siga desarrollándose, también aparecerán nuevos problemas de seguridad. Al adherirse a estas mejores prácticas y mejorar continuamente las medidas de seguridad, los usuarios pueden navegar con confianza en el panorama de las criptomonedas y proteger sus tenencias de altcoins, aprovechando el potencial revolucionario de las criptomonedas en el panorama financiero moderno. Proteger las tenencias de altcoins permite a las personas aprovechar plenamente el potencial transformador de las criptomonedas y, al mismo tiempo, salvaguardar su riqueza digital en un mundo que cambia rápidamente.

Errores de seguridad comunes que se deben evitar

El mundo de las criptomonedas ha sido testigo de un crecimiento y una diversificación notables con la aparición de las altcoins, que presentan a los inversores oportunidades únicas más allá del ámbito de Bitcoin. A medida que el mercado de altcoins continúa expandiéndose, también crece la necesidad de que los comerciantes sean conscientes de los posibles problemas de seguridad que podrían comprometer sus activos digitales. La naturaleza descentralizada y anónima de las criptomonedas las hace vulnerables a diversas amenazas, como piratería informática, phishing y estafas. Esta sección tiene como objetivo arrojar luz sobre los errores de seguridad comunes que se deben evitar en el comercio de altcoins, brindando a los operadores conocimientos y estrategias para salvaguardar sus inversiones en este mercado volátil y de ritmo rápido.

El comercio de altcoins conlleva riesgos inherentes debido a la naturaleza de las criptomonedas y las plataformas descentralizadas en las que se negocian. La falta de intermediarios en las transacciones de criptomonedas hace que una vez ejecutadas, las transacciones sean irreversibles. Esta característica requiere que los comerciantes actúen con cautela y diligencia debida al participar en el mercado. Además, el entorno regulatorio relativamente incipiente que rodea a las criptomonedas deja espacio para actividades fraudulentas y actores maliciosos que buscan explotar a comerciantes desprevenidos.

Los ataques de phishing siguen siendo una amenaza frecuente en el espacio de las criptomonedas. Los comerciantes pueden recibir correos electrónicos o mensajes aparentemente legítimos que los dirigen a sitios web maliciosos que se parecen mucho a bolsas o billeteras de criptomonedas legítimas. Estos sitios web tienen como objetivo robar credenciales de inicio de sesión o claves privadas, proporcionando a los atacantes acceso no autorizado a las tenencias de altcoins del comerciante. Para evitar ser víctimas de ataques de phishing, los comerciantes siempre deben verificar la autenticidad de los correos electrónicos y las URL y abstenerse de hacer clic en enlaces sospechosos.

El mercado de las criptomonedas ha sido testigo de una gran cantidad de esquemas Ponzi y estafas que prometen rendimientos extravagantes de las inversiones. Estos proyectos fraudulentos a menudo atraen a comerciantes desprevenidos con promesas de ganancias rápidas, sólo para desaparecer con los fondos de los inversores. Para evitar ser víctimas de estafas, los comerciantes deben realizar una investigación exhaustiva de los proyectos antes de invertir y tener cuidado con las promesas o garantías de inversión poco realistas.

El uso de intercambios o billeteras de criptomonedas inseguras puede exponer a los comerciantes a riesgos potenciales de piratería y pérdida de fondos. Los comerciantes deben priorizar los intercambios con medidas de seguridad sólidas, como la autenticación de dos factores (2FA) y el almacenamiento en frío de los fondos. De manera similar, seleccionar billeteras de altcoins confiables con cifrado sólido y funciones de respaldo es crucial para proteger los activos digitales.

No realizar la debida diligencia antes de invertir en altcoins puede generar pérdidas significativas. Los comerciantes deben investigar a fondo los antecedentes, el equipo y la tecnología detrás de los proyectos de altcoins para evaluar su legitimidad y potencial de crecimiento. Además, comprender las tendencias del mercado y evaluar el caso de uso y la viabilidad a largo plazo de la altcoin son pasos esenciales para evitar invertir en proyectos fraudulentos o débiles.

El comercio de altcoins en redes o dispositivos no seguros expone a los comerciantes a posibles infracciones y robo de datos. Las redes Wi-Fi públicas y los dispositivos compartidos pueden carecer de las medidas de seguridad necesarias, lo que los hace susceptibles a intentos de piratería. Para mitigar este riesgo, los comerciantes deben utilizar redes privadas y seguras y evitar acceder a sus billeteras o intercambios de altcoins en dispositivos públicos o que no sean de confianza.

Los comerciantes deben priorizar fuertes medidas de seguridad para sus cuentas de billetera y de intercambio de altcoins. Habilitar la autenticación de dos factores (2FA) agrega una capa adicional de protección al requerir un segundo paso de verificación, como una contraseña de un solo uso entregada a un dispositivo móvil. Actualizar periódicamente las contraseñas y evitar su reutilización en todas las plataformas mejora aún más la seguridad de la cuenta.

Las carteras de hardware proporcionan una solución segura de almacenamiento fuera de línea para las tenencias de altcoins. Estos dispositivos físicos almacenan claves privadas lejos de los dispositivos conectados a Internet, lo que reduce el riesgo de ataques en línea. Al utilizar carteras de hardware para el almacenamiento a largo plazo, los comerciantes pueden mitigar significativamente el riesgo de piratería y acceso no autorizado a sus activos digitales.

Es esencial realizar una investigación exhaustiva sobre los proyectos de altcoins antes de invertir. Los comerciantes deben evaluar el equipo, la tecnología, el caso de uso y el apoyo de la comunidad del proyecto para verificar su legitimidad. Además, comparar información de múltiples fuentes y buscar opiniones de expertos puede proporcionar información valiosa sobre el potencial del proyecto.

Mantenerse al tanto de los últimos desarrollos, amenazas a la seguridad y mejores prácticas en el espacio de las criptomonedas es crucial para los comerciantes. Participar en comunidades de criptomonedas, leer fuentes de noticias acreditadas y mantenerse informado sobre posibles problemas de seguridad puede permitir a los operadores tomar decisiones bien informadas y evitar errores comunes.

El comercio de altcoins presenta interesantes oportunidades para que los inversores diversifiquen sus carteras y exploren proyectos innovadores. Sin embargo, la naturaleza descentralizada y en rápida evolución de las criptomonedas también plantea desafíos de seguridad únicos. Los comerciantes deben estar atentos para evitar errores de seguridad comunes que podrían provocar la pérdida de sus activos digitales.

Al priorizar la seguridad de la cuenta, realizar la debida diligencia, utilizar carteras de hardware y mantenerse informados sobre las últimas amenazas a la seguridad, los operadores pueden navegar con confianza en el mercado de altcoins. Salvaguardar las tenencias de altcoins requiere un enfoque proactivo, que incluye monitoreo continuo, actualizaciones periódicas y un compromiso con las mejores prácticas de seguridad.

En última instancia, al comprender y evitar los problemas de seguridad comunes, los comerciantes pueden proteger sus inversiones y participar en el potencial transformador del mercado de altcoins de manera responsable y segura. Adoptar estas mejores prácticas fomenta un ecosistema de criptomonedas más seguro y resiliente, fomentando el crecimiento y la innovación continuos en esta apasionante y prometedora frontera financiera.

CAPÍTULO VII

Altcoins y tecnología Blockchain

Cómo las Altcoins aprovechan la tecnología blockchain

La tecnología Blockchain, popularizada por Bitcoin, ha revolucionado el panorama financiero mundial. Sin embargo, su potencial se extiende mucho más allá de la primera criptomoneda, dando lugar a activos digitales alternativos conocidos como altcoins. Estas altcoins aprovechan la tecnología blockchain para crear plataformas y aplicaciones únicas que abordan diversos desafíos y exploran nuevas posibilidades. Esta sección explora cómo las altcoins aprovechan la tecnología blockchain, desbloqueando la innovación y redefiniendo el panorama financiero.

Blockchain es fundamentalmente un libro de contabilidad descentralizado e inmutable que registra las transacciones de forma segura y transparente. La naturaleza distribuida de blockchain elimina la necesidad de intermediarios, lo que garantiza que las transacciones sean verificadas y validadas por una red de nodos. Cada bloque forma una cadena cronológica que mejora la seguridad y la transparencia, que contiene un hash criptográfico del bloque anterior.

Las altcoins han sido pioneras en el concepto de contratos inteligentes, acuerdos autoejecutables con términos predefinidos escritos directamente en el código. Ethereum, una altcoin líder, ha jugado un papel decisivo en el desarrollo de contratos inteligentes. Estos contratos inteligentes automatizan procesos complejos, eliminando la necesidad de intermediarios en diversas industrias. Además, los desarrolladores implementan aplicaciones descentralizadas (DApps) en redes blockchain, ofreciendo funcionalidades más allá de las simples transferencias de valor.

Ciertas altcoins como Monero y Zcash priorizan mejorar la privacidad y el anonimato del usuario. Estas altcoins oscurecen los detalles de las transacciones mediante el empleo de técnicas criptográficas avanzadas como pruebas de conocimiento cero y firmas de anillo, lo que dificulta el seguimiento de las partes involucradas. Esta privacidad mejorada atrae a los usuarios que buscan confidencialidad en sus transacciones y comunicaciones financieras.

de prueba de trabajo (PoW) de Bitcoin ha sido criticado por su consumo de energía y limitaciones de escalabilidad. En respuesta, las altcoins exploran mecanismos de consenso alternativos, como la prueba de participación (PoS), la prueba de participación delegada

(DPoS) y el gráfico acíclico dirigido (DAG). Estos mecanismos tienen como objetivo lograr una mayor escalabilidad y rendimiento de transacciones, abordando los desafíos de escalabilidad que enfrenta Bitcoin.

Las altcoins han revolucionado el concepto de tokenización de activos, permitiendo que activos del mundo real como bienes raíces, arte y productos básicos se representen como tokens digitales en la cadena de bloques. Esta innovación introduce nuevas posibilidades de propiedad fraccionada, mayor liquidez y una transferibilidad más fácil en mercados tradicionalmente ilíquidos. La tokenización permite a los inversores participar en diversas clases de activos con mayor eficiencia y barreras reducidas.

La naturaleza fragmentada de las redes blockchain ha planteado desafíos en términos de interoperabilidad y comunicación entre diferentes blockchains. Altcoins como Cosmos y Polkadot se centran en abordar este problema proporcionando soluciones de interoperabilidad. Estas plataformas tienen como objetivo permitir una comunicación y transferencia de datos fluidas entre varias redes blockchain, mejorando la eficiencia general y la conectividad del ecosistema blockchain.

Si bien las altcoins son prometedoras para desbloquear la innovación a través de la tecnología blockchain, también enfrentan desafíos y limitaciones potenciales:

El cambiante panorama regulatorio que rodea a las criptomonedas plantea desafíos únicos para las altcoins, con diferentes consideraciones legales y de cumplimiento en diferentes jurisdicciones. La claridad en los marcos regulatorios es esencial para que las altcoins fomenten una adopción más amplia y la confianza de los inversores.

Las altcoins deben garantizar una seguridad de red sólida para evitar ataques y posibles vulnerabilidades. Dependiendo del mecanismo de consenso, diferentes altcoins pueden enfrentar diversos grados de riesgos de seguridad, lo que requiere un desarrollo y una mejora continuos de sus protocolos.

Las altcoins son generalmente más volátiles que las criptomonedas establecidas como Bitcoin, lo que las hace sujetas a importantes fluctuaciones de precios. Si bien esta volatilidad puede crear oportunidades para los comerciantes, también plantea riesgos para los inversores.

Las altcoins se han convertido en una fuerza impulsora en la evolución de la tecnología blockchain, desbloqueando la innovación y redefiniendo el panorama financiero. A través de contratos inteligentes, funciones de privacidad, soluciones de escalabilidad, tokenización e interoperabilidad, las altcoins han demostrado el enorme potencial de blockchain más allá de su aplicación inicial en Bitcoin.

Si bien las altcoins presentan oportunidades únicas para la innovación, también enfrentan desafíos en términos de cumplimiento normativo, seguridad de la red y volatilidad del mercado. A medida que el espacio blockchain siga madurando, abordar estos desafíos será crucial para el crecimiento sostenido y la adopción más amplia de altcoins.

En conclusión, el apalancamiento de las altcoins en la tecnología blockchain ha provocado una nueva ola de creatividad y disrupción en el mundo financiero. A medida que estos activos digitales sigan evolucionando, prometen remodelar las industrias tradicionales, democratizar las finanzas y empoderar a los usuarios a nivel mundial. El futuro de las altcoins está entrelazado con el progreso de la tecnología blockchain, lo que hace que este espacio dinámico sea digno de observar de cerca mientras continúa dando forma al futuro de las finanzas. Al aprovechar el potencial de la tecnología blockchain, las altcoins han sentado las bases para un ecosistema financiero transformador y descentralizado.

Casos de uso de Altcoins en diferentes industrias

La aparición de altcoins, criptomonedas alternativas a Bitcoin, ha marcado el comienzo de una nueva era de posibilidades en el espacio blockchain. Si bien Bitcoin sigue siendo una fuerza dominante como depósito digital de valor, las altcoins han diversificado el ecosistema de las criptomonedas al abordar casos de uso específicos en diversas industrias. Esta sección explora los diversos y transformadores casos de uso de altcoins en diferentes sectores, destacando su potencial para revolucionar las prácticas tradicionales y empoderar a las industrias con soluciones basadas en blockchain.

El sector de servicios financieros ha sido testigo de una profunda transformación con el auge de las altcoins, que ofrecen soluciones innovadoras que redefinen la forma en que interactuamos con el dinero y las transacciones. Ethereum, una altcoin líder, juega un papel fundamental en DeFi. Permite la creación de plataformas descentralizadas de préstamos, empréstitos y comercio mediante el uso de contratos inteligentes. Los protocolos DeFi facilitan las transacciones financieras entre pares, eliminando intermediarios y otorgando a los usuarios control total sobre sus activos. Las altcoins como Tether (USDT) y USD Coin (USDC) son monedas estables vinculadas a activos estables como las monedas fiduciarias. Estas altcoins brindan estabilidad y unen el mundo financiero tradicional y el espacio blockchain, facilitando transferencias de valor y remesas sin problemas.

La integración de la tecnología blockchain en la gestión de la cadena de suministro ha revolucionado la transparencia y la trazabilidad, mitigando los desafíos asociados con el fraude y los productos falsificados. VeChain es una altcoin diseñada para mejorar la transparencia y la trazabilidad de la cadena de suministro.

Al aprovechar la tecnología blockchain, VeChain permite a las empresas rastrear productos a lo largo de la cadena de suministro, reduciendo el fraude, la falsificación y garantizando la autenticidad de los productos.

Waltonchain se centra en la integración del Internet de las cosas (IoT) y la tecnología RFID para mejorar la eficiencia de la cadena de suministro. Esta altcoin proporciona seguimiento y monitoreo de productos en tiempo real, optimizando la gestión de inventario y mejorando las operaciones generales de la cadena de suministro.

La industria de la salud ha experimentado un cambio de paradigma con la adopción de altcoins, que ofrecen soluciones seguras y accesibles para gestionar datos médicos e incentivar la atención preventiva.

MedicalChain utiliza la tecnología blockchain para crear una plataforma segura y accesible para almacenar registros médicos. Esta altcoin permite a los pacientes controlar sus datos de salud, mientras que los proveedores de atención médica pueden acceder de forma segura a un historial médico completo y preciso.

Dentacoin tiene como objetivo revolucionar la industria dental mediante la creación de una plataforma basada en blockchain que recompense a los pacientes por mantener buenas prácticas de salud bucal. Esta altcoin incentiva la atención dental preventiva y facilita el acceso global a los servicios dentales.

Con la introducción de altcoins, que permitieron transacciones inmobiliarias rápidas y seguras, el sector inmobiliario experimentó una enorme transformación.

Propy es una altcoin que tiene como objetivo agilizar las transacciones inmobiliarias a través de la tecnología blockchain. Ofrece una plataforma descentralizada para comprar, vender y verificar propiedades a nivel mundial, reduciendo el tiempo y el costo asociados con los procesos inmobiliarios tradicionales. Atlant facilita la tokenización de activos inmobiliarios, lo que permite a los inversores poseer acciones fraccionarias de propiedades.

Esta altcoin desbloquea liquidez en el mercado inmobiliario y permite inversiones inmobiliarias transfronterizas sin complicaciones.

La industria del juego ha adoptado las altcoins, ofreciendo a los jugadores la propiedad de los activos del juego y creando experiencias virtuales inmersivas.

Enjin Coin se centra en integrar la tecnología blockchain en la industria del juego, permitiendo la creación y propiedad de activos del juego. Esta altcoin permite a los jugadores comprar, vender e intercambiar artículos virtuales en múltiples plataformas de juego. Los usuarios pueden comprar, vender y construir propiedades virtuales en la red de realidad virtual basada en blockchain Decentraland . Esta altcoin desdibuja la línea entre el mundo virtual y el real, abriendo nuevas posibilidades para experiencias de juego inmersivas.

El sector energético ha experimentado una revolución en el comercio y la conservación de la energía mediante la adopción de altcoins.

Power Ledger facilita el comercio de energía entre pares en una plataforma blockchain, lo que permite a los consumidores comprar y vender excedentes de energía renovable. Esta altcoin promueve la sostenibilidad y la eficiencia energética en un panorama energético cada vez más descentralizado. Electroneum tiene como objetivo incentivar las prácticas de eficiencia energética recompensando a los usuarios con tokens altcoins por usar dispositivos de bajo consumo. Esta iniciativa fomenta la conservación de energía y contribuye a construir un futuro más verde.

Las altcoins han evolucionado más allá de ser meras alternativas a Bitcoin; Sirven como herramientas poderosas con casos de uso específicos en diversas industrias. En el sector financiero, las altcoins permiten finanzas descentralizadas y transacciones transfronterizas fluidas. La gestión de la cadena de suministro se beneficia de la transparencia y la trazabilidad de blockchain, mientras que la atención médica se vuelve más segura y centrada en el paciente. Los bienes raíces se vuelven más accesibles y eficientes, y las experiencias de juego alcanzan nuevos niveles de inmersión y propiedad.

Las altcoins desempeñan un papel importante en el impulso de iniciativas de sostenibilidad y eficiencia energética, lo que permite a los consumidores convertirse en participantes activos en el comercio de energía renovable. A medida que el espacio blockchain siga madurando, las altcoins sin duda seguirán encontrando aplicaciones innovadoras y redefiniendo las prácticas tradicionales.

La integración de altcoins en diferentes industrias significa una adopción más amplia de la tecnología blockchain y su potencial para revolucionar varios aspectos de la vida moderna. Al brindar soluciones prácticas y transformadoras, las altcoins están preparadas para continuar dando forma al futuro de las industrias en todo el mundo, brindando a individuos y empresas soluciones descentralizadas, transparentes y seguras. Con los avances continuos, las altcoins sin duda seguirán siendo las estrellas en ascenso en el panorama en constante evolución de las tecnologías de criptomonedas y blockchain.

Impacto potencial de Altcoins en las finanzas tradicionales

El nacimiento de la tecnología blockchain y el auge de las altcoins han provocado un cambio de paradigma en el mundo financiero. Si bien las instituciones centralizadas y las monedas fiduciarias han dominado durante mucho tiempo las finanzas tradicionales, las altcoins presentan una nueva frontera, ofreciendo soluciones innovadoras y alterando las prácticas tradicionales. Esta sección explora el impacto potencial de las altcoins en las finanzas tradicionales, destacando el potencial transformador de estos activos digitales en varios aspectos del ecosistema financiero.

Uno de los impactos más significativos de las altcoins en las finanzas tradicionales radica en su naturaleza descentralizada. A diferencia de los sistemas bancarios tradicionales, donde las autoridades centrales controlan los servicios financieros, las altcoins operan en redes blockchain descentralizadas, ofreciendo una mayor autonomía financiera a los usuarios. Esta descentralización fomenta la inclusión financiera, permitiendo que personas sin acceso a servicios bancarios convencionales participen en la economía global. Las altcoins permiten a las poblaciones no bancarizadas o insuficientemente bancarizadas acceder a servicios financieros, como pagos, remesas y ahorros, sin depender de la infraestructura bancaria tradicional.

Las transacciones transfronterizas tradicionales a menudo involucran intermediarios, lo que genera demoras y tarifas de transacción sustanciales. Por otro lado, las Altcoins permiten transacciones fluidas y sin fronteras en redes blockchain. Al eliminar intermediarios, las altcoins ofrecen pagos transfronterizos más rápidos y rentables. Esto tiene el potencial de revolucionar los mercados de remesas, reduciendo las altas tarifas asociadas con las transferencias internacionales de dinero y aumentando la eficiencia de las transacciones globales.

Las altcoins, en particular Ethereum y su ecosistema de proyectos DeFi, están a la vanguardia de la disrupción de los servicios financieros tradicionales. Las plataformas DeFi ofrecen una variedad de productos financieros descentralizados, incluidos préstamos, empréstitos, apuestas y agricultura de rendimiento, todos regidos por contratos inteligentes. Estas plataformas operan sin intermediarios, ofreciendo a los usuarios tasas de interés más altas sobre los ahorros y permitiendo a los prestatarios acceder a préstamos sin trámites engorrosos ni verificaciones de crédito. La revolución DeFi tiene el potencial de transformar las prácticas de préstamo y endeudamiento, desafiando el monopolio de las instituciones bancarias tradicionales.

Las altcoins permiten la tokenización de activos del mundo real, como bienes raíces, arte y productos básicos, en redes blockchain. Estos activos ilíquidos pueden representarse como tokens digitales a través de este proceso, haciéndolos divisibles y comercializables. La tokenización abre nuevas oportunidades de inversión, permitiendo la propiedad fraccionada de activos valiosos y reduciendo las barreras de entrada para los inversores. Este potencial disruptivo tiene implicaciones para las industrias inmobiliaria y de inversión, al democratizar el acceso a activos de alto valor.

Las Altcoins han revolucionado la obtención de capital a través de las Ofertas Iniciales de Monedas (ICO). Las ICO permiten a las empresas emergentes y a los proyectos recaudar fondos directamente de los inversores mediante la emisión de sus tokens nativos. Este método de crowdfunding evita las rutas tradicionales del capital riesgo, dando lugar a nuevas formas de formación de capital. Si bien las ICO presentan oportunidades innovadoras de recaudación de fondos, también plantean desafíos regulatorios que requieren un mayor perfeccionamiento del panorama regulatorio.

Las altcoins tienen el potencial de desafiar los sistemas monetarios tradicionales y las monedas fiduciarias. A medida que más personas y empresas adopten las altcoins para sus transacciones financieras, la demanda de monedas fiduciarias tradicionales puede disminuir. Como reacción a esta fuerza disruptiva, los bancos centrales y las instituciones financieras están siguiendo de cerca el surgimiento de monedas alternativas y analizando el potencial de las monedas digitales de los bancos centrales (CBDC). La competencia entre los sistemas monetarios tradicionales y las monedas digitales puede remodelar el orden financiero global.

Las altcoins representan una fuerza disruptiva en las finanzas tradicionales y potencialmente transforman varios aspectos del ecosistema financiero. Algunos impactos clave de las altcoins en el mundo financiero son la descentralización, la inclusión financiera, las transacciones sin fronteras y la tokenización de activos. Las plataformas DeFi desafían los servicios bancarios tradicionales, mientras que las ICO ofrecen oportunidades innovadoras de recaudación de fondos. A medida que las altcoins evolucionan, pueden plantear oportunidades y desafíos para el sistema financiero establecido. Los reguladores y formuladores de políticas deben lograr un equilibrio entre adoptar la innovación y garantizar la protección del consumidor y la estabilidad del mercado.

El impacto potencial de las altcoins en las finanzas tradicionales indica un cambio más amplio hacia un futuro financiero descentralizado, transparente e inclusivo. A medida que se acelera la adopción de altcoins y la tecnología blockchain, la colaboración entre las instituciones financieras tradicionales y el ecosistema emergente de activos digitales se vuelve cada vez más crucial. Las altcoins pueden ayudar a crear un sistema financiero más equitativo y eficiente al cerrar la brecha entre las finanzas convencionales y el futuro impulsado por blockchain con la legislación adecuada y la innovación continua.

CAPÍTULO VIII

Panorama regulatorio para Altcoins y ICOs

Tendencias y desafíos regulatorios globales

El crecimiento exponencial de las altcoins y las ofertas iniciales de monedas (ICO) ha llamado la atención de los reguladores de todo el mundo. A medida que estos activos digitales continúan ganando terreno y perturbando las finanzas tradicionales, los organismos reguladores globales están lidiando con la necesidad de equilibrar el fomento de la innovación y la protección de los inversores. Esta sección explora las tendencias regulatorias globales actuales y los desafíos para las altcoins y las ICO, arrojando luz sobre el panorama cambiante de la regulación de las criptomonedas.

El panorama regulatorio para Altcoins y ICOs varía significativamente de un país a otro. Si bien algunas naciones han adoptado una postura progresista para fomentar la innovación blockchain, otras han adoptado un enfoque cauteloso y restrictivo. La falta de uniformidad en los marcos regulatorios plantea desafíos para las empresas y los inversores que operan en el mercado global de criptomonedas.

Una de las principales preocupaciones de los reguladores es la protección de los inversores. La naturaleza descentralizada y anónima de las criptomonedas dificulta el seguimiento de actividades fraudulentas y la recuperación de fondos perdidos. Como resultado, los reguladores se están centrando en implementar medidas Conozca a su cliente y contra el lavado de dinero para combatir las actividades ilegales y garantizar la seguridad de los inversores.

La clasificación de las criptomonedas como valores es un tema polémico en el espacio regulatorio. Algunas altcoins y tokens ICO pueden entrar en la definición de valores, sometiéndolos a estrictas regulaciones sobre valores. Esta ambigüedad ha generado desafíos legales e incertidumbres para emisores e inversores, lo que requiere directrices más claras por parte de las autoridades reguladoras.

La naturaleza sin fronteras de la tecnología blockchain presenta desafíos a la hora de hacer cumplir las regulaciones en todas las jurisdicciones. Los emisores y participantes de ICO pueden operar desde diferentes países, lo que dificulta que los reguladores supervisen el cumplimiento. Los esfuerzos de colaboración entre los reguladores globales son esenciales para abordar los desafíos transfronterizos de manera efectiva.

La aparición de las monedas digitales de los bancos centrales (CBDC) plantea tanto oportunidades como desafíos para las altcoins y las ICO. Las CBDC son versiones digitales de monedas fiduciarias nacionales emitidas por los bancos centrales. A medida que los gobiernos exploran la implementación de CBDC, el papel de las altcoins como medio de intercambio y depósito de valor puede enfrentar competencia y escrutinio regulatorio.

Varios países han establecido programas regulatorios sandbox para fomentar la innovación y al mismo tiempo mantener la protección del consumidor. Estos entornos de pruebas proporcionan un entorno controlado para que los proyectos de altcoins y ICOs funcionen bajo supervisión regulatoria, lo que permite a las empresas emergentes probar sus ideas sin la carga de requisitos de cumplimiento total.

La tributación de altcoins y ICOs es un tema complejo debido a sus características únicas y su naturaleza transfronteriza. Los reguladores se centran cada vez más en establecer directrices fiscales claras para garantizar la presentación adecuada de informes y el cumplimiento de las obligaciones fiscales para las transacciones de criptomonedas.

El rápido ritmo del avance tecnológico a menudo supera el desarrollo de los marcos legales. Como resultado, los reguladores enfrentan el desafío de adaptar las leyes existentes para acomodar las características únicas de las altcoins y las ICO. La necesidad de marcos regulatorios ágiles y preparados para el futuro es primordial para mantener el ritmo del dinámico mercado de las criptomonedas.

A medida que las altcoins y las ICO continúan dando forma al panorama financiero global, las tendencias y desafíos regulatorios se han convertido en aspectos cruciales del ecosistema de las criptomonedas. Lograr un equilibrio entre fomentar la innovación, proteger a los inversores y garantizar la integridad del mercado sigue siendo una tarea compleja para los organismos reguladores de todo el mundo.

Los enfoques regulatorios globales hacia las altcoins y las ICO divergen significativamente, lo que genera incertidumbre para los participantes del mercado. La protección de los inversores, la regulación de valores y el cumplimiento transfronterizo son áreas clave de atención para los reguladores. Además, el surgimiento de las CBDC introduce oportunidades y competencia para las altcoins.

Las iniciativas de entorno de pruebas regulatorias ofrecen una solución potencial para respaldar la innovación y al mismo tiempo gestionar los riesgos, pero la armonización de las regulaciones en todas las jurisdicciones es vital para crear un entorno propicio para que prosperen los proyectos de criptomonedas. Los marcos fiscales y legales requieren un perfeccionamiento continuo para adaptarse a las características únicas de las altcoins y las ICO.

En conclusión, un esfuerzo de colaboración entre los reguladores globales, las partes interesadas de la industria y los participantes del mercado es esencial para establecer un marco regulatorio coherente e integral para altcoins y ICOs. Lograr el equilibrio adecuado fomentará la innovación, protegerá a los inversores y liberará todo el potencial de la tecnología blockchain para remodelar el futuro de las finanzas. A medida que el espacio de las criptomonedas continúa evolucionando, un entorno bien regulado será fundamental para hacer realidad el potencial transformador de las altcoins y las ICO y, al mismo tiempo, salvaguardar los intereses de todas las partes interesadas en esta industria apasionante y en constante cambio.

Diferencias jurisdiccionales y sus implicaciones

El panorama global de las altcoins y las ofertas iniciales de monedas (ICO) está determinado por los diversos enfoques regulatorios adoptados por las diferentes jurisdicciones. A medida que la popularidad de las criptomonedas continúa aumentando, los marcos legales y regulatorios únicos de cada país tienen implicaciones significativas para el crecimiento y desarrollo de las altcoins y las ICO. Esta sección explora las diferencias jurisdiccionales y sus implicaciones para el panorama de las altcoins y las ICO, arrojando luz sobre los desafíos y oportunidades que enfrentan las empresas y los inversores que operan en criptomonedas.

Las jurisdicciones de todo el mundo han adoptado distintas posturas sobre las criptomonedas, que van desde una aceptación abierta hasta una regulación estricta. Algunos países han adoptado la tecnología blockchain y las criptomonedas, creando un entorno favorable para la innovación y el emprendimiento. Por el contrario, otros han adoptado un enfoque cauteloso, dando prioridad a la protección de los inversores y combatiendo los riesgos potenciales asociados con las altcoins y las ICO.

El enfoque regulatorio adoptado por una jurisdicción tiene un impacto significativo en el entorno de innovación y negocios para los proyectos de altcoins y ICOs. Los países amigables con las criptomonedas con marcos regulatorios claros y de apoyo atraen a nuevas empresas, emprendedores e inversores, fomentando avances tecnológicos y promoviendo el crecimiento económico. Por el contrario, las regulaciones estrictas pueden sofocar la innovación e impulsar a las empresas a operar en regiones más amigables con las criptomonedas.

Las diferencias jurisdiccionales en las regulaciones sobre criptomonedas tienen implicaciones para la confianza y la protección de los inversores. Los países con sólidas medidas de protección de los inversores infunden confianza en el mercado, atrayendo a inversores tanto institucionales como minoristas para participar en proyectos de altcoins y ICOs. Por el contrario, las jurisdicciones con regulaciones laxas pueden ser propensas a actividades fraudulentas, lo que podría provocar daños a los inversores y pérdida de confianza en el mercado.

La clasificación de altcoins y tokens ICO como valores varía entre jurisdicciones. Algunos países tratan ciertos tokens como valores y los someten a rigurosos requisitos de cumplimiento. Esta clasificación influye en el proceso de recaudación de fondos para proyectos ICO, afectando su capacidad para llegar a una base de inversores global. Como resultado, los emisores de ICO a menudo enfrentan el desafío de navegar panoramas regulatorios complejos para garantizar el cumplimiento de las leyes de valores.

La naturaleza sin fronteras de la tecnología blockchain y las criptomonedas crea desafíos para las operaciones transfronterizas. Las empresas que operan en múltiples jurisdicciones deben navegar por diferentes requisitos regulatorios, estándares de cumplimiento e implicaciones fiscales. Las diferencias jurisdiccionales pueden crear desafíos legales, lo que hace esencial que las empresas adapten sus operaciones a cada mercado específico.

Las normas fiscales para las criptomonedas difieren significativamente de una jurisdicción a otra. Algunos países tratan las criptomonedas como propiedad, mientras que otros las clasifican como mercancías o activos. Estas diferencias impositivas afectan a las personas y empresas involucradas en el comercio de altcoins y la participación en ICO, lo que genera complejidades en la declaración de impuestos y el cumplimiento.

Algunas jurisdicciones han establecido zonas de pruebas regulatorias y centros de innovación para respaldar las nuevas empresas de blockchain y los proyectos de ICO. Estas iniciativas ofrecen un entorno controlado para que las empresas prueben sus productos y servicios bajo supervisión regulatoria, fomentando la innovación y garantizando al mismo tiempo la protección del consumidor. Las empresas que operan dentro de estos entornos sandbox se benefician de una carga regulatoria reducida durante las pruebas.

La divergencia en las regulaciones sobre criptomonedas entre jurisdicciones ha llevado a un fenómeno conocido como arbitraje regulatorio. Las empresas pueden optar por establecer sus operaciones en países con entornos regulatorios favorables para aprovechar reglas más flexibles y menos obligaciones de cumplimiento. El arbitraje regulatorio puede conducir a la concentración de actividades relacionadas con las criptomonedas en determinadas jurisdicciones y puede generar preocupaciones sobre riesgos potenciales.

Las diferencias jurisdiccionales son fundamentales a la hora de dar forma al panorama de las altcoins y las ICO. Los distintos enfoques regulatorios impactan la innovación, la protección de los inversores, los requisitos de cumplimiento y las operaciones transfronterizas. Las jurisdicciones favorables a las criptomonedas atraen empresas innovadoras y fomentan el crecimiento económico, mientras que las regulaciones estrictas tienen como objetivo salvaguardar a los inversores y prevenir actividades fraudulentas.

A medida que el mercado de las criptomonedas continúa evolucionando, la armonización de las regulaciones y la colaboración entre los reguladores globales se vuelven esenciales para garantizar la igualdad de condiciones tanto para las empresas como para los inversores. Encontrar el equilibrio adecuado entre fomentar la innovación y salvaguardar la integridad del mercado es crucial para liberar todo el potencial de las altcoins y las ICO para remodelar el futuro de las finanzas.

En conclusión, sortear las diferencias jurisdiccionales es un aspecto complejo pero crítico del panorama de las altcoins y las ICO. Las empresas y los inversores deben evaluar cuidadosamente los entornos regulatorios, los requisitos de cumplimiento y las medidas de protección de los inversores en cada jurisdicción para tomar decisiones informadas y navegar con éxito en el ecosistema de criptomonedas en evolución. A medida que la industria madure, los esfuerzos de colaboración entre los reguladores globales y las partes interesadas allanarán el camino para un ecosistema de criptomonedas próspero y sostenible a nivel mundial.

Cumplimiento y consideraciones legales para proyectos Altcoin e ICO

A medida que se expande el panorama de las altcoins y las Oferta Inicial de Monedas (ICO), el cumplimiento de las regulaciones legales y los estándares de la industria se vuelve primordial. Para garantizar el éxito y la sostenibilidad a largo plazo de los proyectos de altcoins y las ICO, las empresas deben navegar por una compleja red de consideraciones legales. Esta sección profundiza en los aspectos legales y de cumplimiento cruciales que los proyectos de altcoins y las ICO deben abordar para fomentar la confianza, la legitimidad y la transparencia en las criptomonedas.

La parte más importante de un proyecto de altcoin o (ICO) exitoso es que sigue las reglas. Diferentes lugares tienen diferentes conjuntos de reglas, por lo que es importante saber todo lo que hay que saber sobre la ley en cada mercado al que se dirige. Los proyectos de Altcoin y las ICO deben cumplir con las regulaciones contra el lavado de dinero (AML) y de conocimiento de su cliente (KYC) para prevenir actividades ilícitas y proteger los intereses de los inversores.

Uno de los desafíos legales críticos para las ICO radica en determinar la clasificación de los tokens según las leyes de valores. Dependiendo de la naturaleza del token y su caso de uso, puede clasificarse como un valor, sometiendo a la ICO a un escrutinio regulator o adicional. Los proyectos de Altcoin deben estructurar cuidadosamente sus ventas de tokens para cumplir con las regulaciones de valores relevantes, garantizando una divulgación y registro adecuados cuando sea necesario.

Los proyectos de Altcoin deben salvaguardar sus derechos de propiedad intelectual, especialmente cuando desarrollan tecnologías o casos de uso únicos. La infracción de derechos de autor y las disputas sobre propiedad intelectual pueden dañar la reputación y el progreso del proyecto. El registro de patentes o marcas registradas para tecnologías innovadoras puede brindar protección legal y fomentar la confianza de los inversores.

En una era de crecientes violaciones de datos y preocupaciones sobre la privacidad, los proyectos de altcoins y las ICO deben priorizar la seguridad de los datos y el cumplimiento de la privacidad. Las reglas de seguridad de los datos, como el Reglamento General de

Protección de Datos (GDPR) de la Unión Europea, deben seguirse estrictamente al manejar información confidencial del usuario. El incumplimiento de las leyes de privacidad de datos puede dar lugar a sanciones graves y daños a la reputación.

La transparencia es una piedra angular para generar confianza con inversores y usuarios. Los proyectos de Altcoin y las ICO deben proporcionar información clara y precisa sobre sus ofertas, uso de fondos y planes futuros. La comunicación transparente y la divulgación de riesgos son esenciales para proteger a los consumidores y fomentar una reputación positiva.

Los contratos inteligentes sustentan muchos proyectos de altcoins y ICOs, y su seguridad y funcionalidad son cruciales. La realización de auditorías exhaustivas de contratos inteligentes por parte de empresas externas acreditadas puede identificar vulnerabilidades y garantizar que el contrato funcione según lo previsto, salvaguardando el proyecto de posibles violaciones de seguridad y errores costosos.

El mercado de las criptomonedas opera a través de fronteras, por lo que el cumplimiento transfronterizo es un desafío importante para los proyectos de altcoins y las ICO. Navegar por los requisitos regulatorios de múltiples jurisdicciones requiere asesoría legal experta y un enfoque proactivo para cumplir y evitar obstáculos legales.

Los entornos de pruebas regulatorios y los centros de innovación ofrecen un entorno controlado para que los proyectos de altcoins y las ICO operen bajo supervisión regulatoria. Participar en estas iniciativas puede proporcionar claridad legal, reducir las cargas de cumplimiento durante la fase de prueba y demostrar un compromiso con el cumplimiento normativo.

El cumplimiento y las consideraciones legales son fundamentales para el éxito y la sostenibilidad de los proyectos de altcoins y las ICO. El cumplimiento normativo garantiza que las empresas operen dentro de los límites de la ley, protegiendo a los inversores y usuarios y al mismo tiempo defendiendo la legitimidad del ecosistema de las criptomonedas.

Abordar las leyes de valores, la privacidad de los datos y los derechos de propiedad intelectual, entre otros aspectos legales, fomenta la transparencia, la protección del consumidor y la confianza de los inversores. Las auditorías de contratos inteligentes y el cumplimiento transfronterizo fortalecen aún más la base del proyecto, garantizando una seguridad sólida y una alineación regulatoria internacional.

En conclusión, navegar por el cumplimiento y las consideraciones legales es una responsabilidad no negociable para los proyectos de altcoins y las ICO. Un enfoque proactivo e integral del cumplimiento es esencial para establecer una base sólida de confianza y legitimidad en el panorama dinámico y en constante evolución de las criptomonedas. Al respetar los estándares legales y participar en iniciativas regulatorias, los proyectos de altcoins y las ICO pueden desbloquear todo su potencial y contribuir al crecimiento sostenible de la industria global de las criptomonedas.

CAPÍTULO IX

Estudios de casos de proyectos exitosos de Altcoin

Análisis de Altcoins destacadas y sus casos de éxito

Las altcoins, o criptomonedas alternativas, se han convertido en formidables contendientes de Bitcoin, introduciendo características y casos de uso innovadores en el espacio blockchain. A medida que el mercado de las criptomonedas continúa evolucionando, ciertas altcoins han logrado hacerse un lugar como jugadores destacados, atrayendo tanto a inversores como a entusiastas. Esta sección profundiza en las historias de éxito de algunas de las altcoins más notables, analizando los factores clave que contribuyen a su prominencia y adopción en el mercado.

Ethereum, a menudo llamada la "computadora mundial", es una de las altcoins más influyentes. Lanzado en 2015 por Vitalik Buterin, Ethereum introdujo el concepto de contratos inteligentes, que permiten a los desarrolladores crear aplicaciones descentralizadas (dApps) en su blockchain. Esta característica innovadora revolucionó el panorama de DeFi (Finanzas Descentralizadas), permitiendo el desarrollo de diversos productos financieros, incluidos intercambios descentralizados, plataformas de préstamos y monedas estables.

El éxito de Ethereum se puede atribuir a su sólida comunidad de desarrolladores, soluciones de escalabilidad y adaptabilidad a las necesidades cambiantes del mercado. La adopción temprana de ICO por parte de la plataforma también contribuyó significativamente a su crecimiento, convirtiéndola en una opción favorita para campañas de financiación colectiva basadas en blockchain.

Binance Coin, la criptomoneda nativa del intercambio Binance , se ha convertido en una altcoin prominente debido a su utilidad y popularidad dentro del ecosistema Binance . El token BNB se introdujo por primera vez como un token ERC-20 en la cadena de bloques Ethereum antes de trasladarse a la cadena Binance .

El éxito de BNB se puede atribuir a sus diversos casos de uso dentro del intercambio Binance , como descuentos en tarifas, participación en ventas de tokens y apuestas para varios proyectos DeFi. La continua expansión del ecosistema de Binance y los esfuerzos de marketing estratégico han impulsado la popularidad de BNB, estableciéndolo como uno de los tokens de utilidad líderes en el mercado de las criptomonedas.

Una plataforma blockchain llamada Cardano busca ofrecer un entorno más escalable y seguro para la creación de aplicaciones descentralizadas y contratos inteligentes. Fundada por Charles Hoskinson, uno de los cofundadores de Ethereum, Cardano ha ganado fuerza debido a su riguroso enfoque de desarrollo basado en la investigación académica.

El uso por parte de la plataforma de investigaciones académicas revisadas por pares y una arquitectura en capas ha posicionado a Cardano como un competidor para las soluciones blockchain de nivel empresarial. Su compromiso con el cumplimiento normativo y la interoperabilidad ha reforzado aún más su atractivo para los inversores institucionales y los gobiernos.

Solana es una plataforma blockchain de alto rendimiento diseñada para admitir aplicaciones descentralizadas y criptomonedas a escala. Su innovador mecanismo de consenso, llamado Prueba de Historia (PoH), permite un procesamiento de transacciones rápido y seguro, lo que lo convierte en la opción preferida para proyectos DeFi y NFT (Token no fungible).

El éxito de Solana se puede atribuir a su alto rendimiento, bajas tarifas y enfoque en la escalabilidad, que abordan algunos de los desafíos de escalabilidad que enfrentan otras plataformas blockchain. Su adopción por parte de varios proyectos DeFi y mercados NFT ha impulsado la demanda de tokens SOL, contribuyendo a su aumento de prominencia.

Polkadot , fundada por el Dr. Gavin Wood, uno de los cofundadores de Ethereum, es una plataforma blockchain multicadena que facilita la interoperabilidad entre diferentes blockchains. Su arquitectura única permite la transferencia fluida de datos y activos a través de múltiples cadenas de bloques, mejorando el ecosistema general de la cadena de bloques.

El éxito de Polkadot radica en su ambiciosa visión de crear una Internet descentralizada y su enfoque en permitir la interoperabilidad de blockchain. Su concepto de parachain y su capacidad para conectarse con otras cadenas de bloques lo han convertido en un proyecto muy solicitado en el espacio de las criptomonedas.

Las historias de éxito de altcoins destacadas como Ethereum, Binance Coin, Cardano, Solana y Polkadot ejemplifican el potencial transformador de la tecnología blockchain más allá de Bitcoin. Estas altcoins se han destacado en un mercado abarrotado debido a sus características únicas, comunidades sólidas y equipos de desarrollo visionarios.

La introducción de contratos inteligentes por parte de Ethereum revolucionó el panorama DeFi, mientras que la utilidad de Binance Coin dentro del ecosistema de intercambio de Binance contribuyó a su popularidad. El enfoque basado en la investigación de Cardano y su compromiso con el cumplimiento han atraído el interés institucional, mientras que el alto rendimiento y las bajas tarifas de Solana la han convertido en una de las favoritas para los proyectos DeFi. Finalmente, la visión de Polkadot de una Internet descentralizada y de interoperabilidad lo ha posicionado como un actor clave en el espacio blockchain.

A medida que evoluciona el mercado de las criptomonedas, estas altcoins sirven como ejemplos de los diversos casos de uso e innovaciones que puede aportar la tecnología blockchain. Sus historias de éxito inspiran nuevos avances e impulsan a la industria hacia un futuro descentralizado e innovador. Pero es importante reconocer que el mercado de las criptomonedas es extremadamente dinámico y propenso a cambios rápidos. La investigación exhaustiva y la diligencia debida son cruciales para los inversores y entusiastas que buscan navegar en el panorama en constante cambio de las altcoins e identificar la próxima generación de historias de éxito.

Lecciones que aprender de sus logros

Las historias de éxito de altcoins destacadas, como Ethereum, Binance Coin, Cardano, Solana y Polkadot , brindan lecciones invaluables para la comunidad de criptomonedas en general. Estas altcoins han logrado un importante reconocimiento en el mercado y han contribuido al avance de la tecnología blockchain y al crecimiento del ecosistema de activos digitales. Esta sección explora las lecciones clave que se pueden aprender de los logros de estas altcoins, ofreciendo información sobre los factores que han contribuido a su éxito.

Una de las principales lecciones de los logros de estas altcoins es la importancia de adoptar la innovación y fomentar la creatividad. La innovadora introducción de contratos inteligentes por parte de Ethereum allanó el camino para las aplicaciones descentralizadas y las plataformas DeFi. Pensar de manera innovadora y explorar casos de uso novedosos permite a las altcoins diferenciarse y hacerse un hueco en el competitivo mercado de las criptomonedas.

El éxito de las altcoins destacadas se atribuye a su enfoque en abordar los desafíos del mundo real y brindar soluciones prácticas. La utilidad de Binance Coin dentro del ecosistema de intercambio de Binance y el alto rendimiento de Solana para proyectos DeFi son excelentes ejemplos de cómo las altcoins han alineado sus características con las necesidades de los usuarios y desarrolladores. Comprender y satisfacer las demandas del mercado puede contribuir significativamente al crecimiento y la adopción de altcoins.

Una comunidad fuerte y comprometida es vital para el éxito de cualquier proyecto de altcoins. La comunidad de desarrolladores de Ethereum, el enfoque académico de Cardano y el enfoque de Polkadot en la interoperabilidad han demostrado el poder de la colaboración y la construcción de comunidades. El compromiso activo con desarrolladores, entusiastas y partes interesadas fomenta la confianza, atrae talento y conduce a la innovación y la mejora continuas.

Las altcoins destacadas han demostrado la importancia del cumplimiento normativo y de generar confianza con los usuarios e inversores. El compromiso de Cardano con el cumplimiento normativo y el enfoque de Solana en la seguridad los han posicionado como proyectos confiables a los ojos de los inversores institucionales y los gobiernos. Mantener los estándares legales e implementar medidas de seguridad sólidas es esencial para establecer credibilidad en el espacio de las criptomonedas.

La capacidad de escalar y ofrecer soluciones de alto rendimiento es crucial para que las altcoins se adapten a las crecientes demandas de los usuarios y a los crecientes volúmenes de transacciones. El alto rendimiento de Solana y la arquitectura multicadena interoperable de

Polkadot muestran la importancia de la escalabilidad para atraer desarrolladores y usuarios a la plataforma.

Los logros de estas altcoins subrayan la importancia de la adaptabilidad y una visión a largo plazo. La capacidad de Ethereum para evolucionar a través de varias actualizaciones, como Ethereum 2.0, y la exitosa migración de Binance Coin a Binance Chain ejemplifican cómo las altcoins deben adaptarse a la dinámica cambiante del mercado y los avances tecnológicos.

Las altcoins que realizan inversiones continuas en investigación y desarrollo se mantienen actualizadas y lideran el camino en innovación. El enfoque basado en la investigación de Cardano y el de Polkadot El concepto de parachain demuestra la importancia del desarrollo y perfeccionamiento continuo de los protocolos para mantener las ventajas competitivas.

Los logros de altcoins destacadas brindan lecciones valiosas para la comunidad de criptomonedas en general. Adoptar la innovación, abordar los desafíos del mundo real, construir comunidades sólidas, cumplir con las regulaciones y priorizar la escalabilidad y la seguridad son factores críticos para el éxito de cualquier proyecto de altcoin.

Las historias de éxito de Ethereum, Binance Coin, Cardano, Solana y Polkadot demuestran cómo la tecnología blockchain tiene la capacidad de revolucionar numerosas industrias. Al aprender de estos logros, los aspirantes a proyectos de altcoins pueden posicionarse para el éxito y contribuir al crecimiento y la maduración continuos del ecosistema de las criptomonedas.

Además, el mercado de las criptomonedas es muy dinámico y está sujeto a cambios rápidos. La investigación continua, la adaptabilidad y una visión a largo plazo son esenciales para que las altcoins sigan siendo relevantes y mantengan su ventaja competitiva en este panorama en constante evolución. Al integrar estas lecciones en sus estrategias, los proyectos de altcoins pueden trazar un camino hacia el éxito y contribuir significativamente al avance de la tecnología blockchain.

Cómo los primeros inversores se beneficiaron de estas Altcoins

Los primeros días de las criptomonedas fueron testigos del surgimiento de varias altcoins que desde entonces se han convertido en nombres muy conocidos en el espacio de los activos digitales. Ethereum, Binance Coin, Cardano, Solana y Polkadot se encuentran entre las altcoins destacadas que no solo han obtenido un importante reconocimiento en el mercado, sino que también han demostrado ser inversiones rentables para los primeros usuarios. Esta sección profundiza en los factores que contribuyeron a la rentabilidad de las primeras inversiones en estas altcoins, brindando información sobre las estrategias que llevaron a sus ganancias sustanciales.

Los primeros inversores que se beneficiaron de destacadas altcoins mostraron un buen ojo para identificar proyectos prometedores. Reconocieron el potencial innovador de los contratos inteligentes de Ethereum, que allanaron el camino para las aplicaciones descentralizadas y las plataformas DeFi. De manera similar, vieron la utilidad y popularidad de Binance Coin dentro del ecosistema de intercambio de Binance y reconocieron el potencial del enfoque académico y el desarrollo basado en la investigación de Cardano.

El momento oportuno jugó un papel crucial en la rentabilidad de los primeros inversores. Estas altcoins a menudo estaban disponibles a precios significativamente más bajos durante sus etapas iniciales, lo que permitió a los primeros inversores adquirir tokens a una fracción de su valor actual. Aquellos que reconocieron el potencial de estos proyectos desde el principio e hicieron inversiones estratégicas obtuvieron ganancias sustanciales a medida que las altcoins ganaron popularidad.

Los primeros inversores que se beneficiaron de estas altcoins demostraron paciencia y una estrategia de tenencia a largo plazo. Reconocieron que el mercado de las criptomonedas es muy volátil y está sujeto a fluctuaciones de precios. Al mantener sus inversiones a través de los altibajos del mercado, pudieron capitalizar la importante apreciación de los precios a lo largo del tiempo.

El éxito de estas altcoins se atribuye al sólido apoyo de la comunidad y de los desarrolladores que obtuvieron. Los primeros inversores reconocieron la importancia de una comunidad próspera y equipos de desarrollo dedicados para impulsar el crecimiento y la adopción de estos proyectos. El creciente apoyo de la comunidad agregó valor a las altcoins y aumentó su demanda.

Participar en ofertas iniciales de monedas (ICO) y ventas de tokens fue una estrategia común utilizada por los primeros inversores para conseguir tokens a precios reducidos. La ICO de Ethereum, por ejemplo, permitió a los primeros inversores adquirir tokens Ether (ETH) a una fracción de su valor de mercado actual. Al participar en estas primeras rondas de financiación, los inversores se posicionaron para obtener ganancias sustanciales a medida que las altcoins ganaban terreno.

Los primeros inversores que se beneficiaron de estas altcoins evaluaron críticamente la viabilidad y el potencial a largo plazo de los proyectos en los que invirtieron. Reconocieron que el crecimiento sostenible y la adopción del mercado eran esenciales para obtener retornos sustanciales de la inversión. Comprender la tecnología, los casos de uso y el potencial de mercado de las altcoins informó sus decisiones de inversión.

Las historias de los primeros inversores que se beneficiaron de destacadas altcoins como Ethereum, Binance Coin, Cardano, Solana y Polkadot sirven como testimonio del potencial transformador del mercado de las criptomonedas. Al identificar proyectos prometedores, aprovechar las primeras oportunidades de inversión y adoptar una estrategia de tenencia a largo plazo, los primeros inversores capitalizaron una importante apreciación de los precios y obtuvieron ganancias sustanciales.

El fuerte apoyo de la comunidad y los desarrolladores y la participación en ICO y ventas de tokens contribuyeron al crecimiento y la popularidad de las altcoins. Además, una evaluación crítica de la viabilidad y el potencial a largo plazo de los proyectos guió las decisiones de inversión, garantizando que los primeros inversores se posicionaran para obtener rendimientos rentables.

Es esencial reconocer que el mercado de las criptomonedas es intrínsecamente riesgoso y está sujeto a volatilidad. Los primeros inversores que se beneficiaron de estas altcoins demostraron no sólo un enfoque estratégico sino también una comprensión de la dinámica del mercado y los riesgos potenciales involucrados. A medida que el espacio de las criptomonedas continúa evolucionando, quienes consideran oportunidades de inversión deben realizar investigaciones exhaustivas, evaluar el potencial a largo plazo de los proyectos y actuar con prudencia para navegar con éxito en un panorama en constante cambio.

CAPÍTULO X

Riesgos y desafíos de la inversión en Altcoin

Volatilidad y fluctuaciones del mercado

Invertir en altcoins puede ser un viaje emocionante, que promete retornos sustanciales y la emoción de ser parte de un panorama financiero innovador. Sin embargo, también tiene una buena cantidad de inconvenientes, en particular la volatilidad inherente y los cambios del mercado. Esta sección explora la naturaleza dinámica de la inversión en altcoins, arrojando luz sobre los factores que contribuyen a la volatilidad y las estrategias que los inversores pueden emplear para navegar con éxito las fluctuaciones del mercado.

La inversión en altcoins se caracteriza por una mayor volatilidad, que se refiere a las fluctuaciones de precios rápidas e impredecibles que experimentan estos activos digitales. A diferencia de los mercados financieros tradicionales, las criptomonedas son todavía relativamente jóvenes y están sujetas a diversos factores que pueden afectar significativamente sus precios. Estos factores incluyen el sentimiento del mercado, la evolución regulatoria, los avances tecnológicos, los eventos macroeconómicos y la cobertura de los medios.

Los mercados de altcoins son altamente especulativos y los precios a menudo están impulsados por el sentimiento de los inversores más que por el valor intrínseco. Este comportamiento especulativo puede provocar cambios dramáticos en los precios, ya que las percepciones de los inversionistas cambian rápidamente en respuesta a las noticias, las tendencias de las redes sociales y la dinámica del mercado.

El sentimiento del mercado juega un papel crucial en la configuración de la trayectoria de los precios de las altcoins. Las noticias positivas y el sentimiento favorable del mercado pueden generar tendencias alcistas, llevando los precios a nuevos máximos. Por el contrario, las noticias negativas o la incertidumbre pueden desencadenar tendencias bajistas y provocar una caída de los precios. Como resultado, los inversores deben permanecer atentos e informados sobre los acontecimientos más recientes para tomar decisiones informadas.

Los anuncios y cambios regulatorios pueden afectar significativamente los precios de las altcoins. Mientras los reguladores de todo el mundo luchan por saber cómo abordar el mercado de las criptomonedas, las nuevas políticas y regulaciones pueden crear incertidumbre y generar volatilidad de precios. El cumplimiento de los requisitos reglamentarios y las medidas de protección de los inversores es esencial para que los proyectos de altcoins mantengan su credibilidad en el mercado.

Los avances y actualizaciones tecnológicos también pueden influir en los precios de las altcoins. Las nuevas funciones, asociaciones y mejoras de protocolos pueden generar entusiasmo entre los inversores y provocar aumentos repentinos de precios. Por el contrario, los retrasos o los problemas técnicos pueden provocar liquidaciones y caídas de precios.

Dada la volatilidad inherente de los mercados de altcoins, los inversores emplean la diversificación como una estrategia común de gestión de riesgos. Diversificar una cartera en diferentes altcoins puede mitigar el impacto de los movimientos adversos de precios en un activo en particular. Sin embargo, es esencial realizar una investigación exhaustiva y evaluar el potencial a largo plazo de cada altcoin antes de diversificarse.

El análisis fundamental implica evaluar el valor intrínseco y el potencial de una altcoin, considerando factores como la tecnología del proyecto, el caso de uso, el equipo y la adecuación al mercado. El análisis técnico, por otro lado, implica estudiar patrones gráficos y datos históricos de precios para predecir movimientos futuros de precios. La combinación de ambos enfoques puede ayudar a los inversores a tomar decisiones bien informadas.

Los inversores de altcoins deben implementar estrategias de gestión de riesgos, como establecer órdenes de limitación de pérdidas. Una orden de limitación de pérdidas activa automáticamente una venta cuando el precio del activo alcanza un nivel predeterminado, lo que limita las pérdidas potenciales en caso de una caída repentina del precio.

actividad emocionante y dinámica que ofrece el potencial de obtener rendimientos sustanciales. Sin embargo, los inversores también deben afrontar los desafíos que plantean la volatilidad inherente y las fluctuaciones del mercado. Comprender los factores que contribuyen a la volatilidad, como el sentimiento del mercado, los cambios regulatorios y los avances tecnológicos, es crucial para tomar decisiones informadas.

La diversificación, el análisis fundamental y el análisis técnico son herramientas valiosas para gestionar el riesgo y capitalizar las oportunidades de inversión. Al combinar estrategias prudentes de gestión de riesgos con una comprensión integral del mercado de altcoins, los inversores pueden aprovechar las olas de volatilidad y posicionarse para tener éxito en el dinámico mundo de la inversión en altcoins. Si bien la volatilidad puede presentar desafíos, también ofrece oportunidades para quienes estén dispuestos a abrazar el entusiasmo y las posibles recompensas de este panorama financiero transformador.

Estafas y proyectos fraudulentos de Altcoin

Con su amplia gama de proyectos innovadores, el mercado de altcoins ofrece a los inversores numerosas oportunidades de diversificación y ganancias potenciales. Sin embargo, en medio de la promesa de riqueza y avances tecnológicos, también acechan peligros en forma de estafas y proyectos fraudulentos de altcoins. Esta sección profundiza en la prevalencia de estafas en el mercado de altcoins, las tácticas empleadas por actores maliciosos y las precauciones que los inversores pueden tomar para protegerse de ser víctimas de esquemas fraudulentos.

Desafortunadamente, las estafas y los proyectos fraudulentos de altcoins se han convertido en un tema recurrente en las criptomonedas. La falta de supervisión regulatoria y la naturaleza anónima de las transacciones blockchain facilitan que actores malintencionados cometan estafas y exploten a inversores desprevenidos.

En los esquemas Pump and Dump, los estafadores inflan artificialmente el precio de una altcoin de bajo valor mediante marketing agresivo e información engañosa, atrayendo a inversores desprevenidos. Una vez que se sube el precio, los estafadores se deshacen de sus tenencias, lo que provoca que el precio colapse y deja a los inversores con pérdidas significativas.

Los estafadores lanzan Ofertas Iniciales de Monedas (ICO) para proyectos inexistentes o sin valor, incitando a los inversores a contribuir con fondos a cambio de tokens sin valor. Una vez que se completa la recaudación de fondos, los estafadores desaparecen, dejando a los inversores con las manos vacías.

Los estafadores pueden hacerse pasar por proyectos o intercambios legítimos de altcoins a través de correos electrónicos y sitios web de phishing, engañando a los inversores para que proporcionen su información confidencial o envíen fondos a direcciones falsas.

En los esquemas piramidales/Ponzi, algunos proyectos fraudulentos de altcoins prometen altos rendimientos a los primeros inversores, utilizando los fondos de nuevos inversores para pagar a los existentes. Estos esquemas inevitablemente colapsan cuando los nuevos inversionistas escasean, dejando a la mayoría de los participantes con pérdidas.

Antes de invertir en cualquier proyecto de altcoins, los inversores deben realizar una investigación exhaustiva. Examinar las credenciales del equipo, el documento técnico del proyecto, la participación de la comunidad y el respaldo de fuentes acreditadas puede ayudar a identificar proyectos legítimos.

Debe verificar las medidas de seguridad implementadas por los proyectos de altcoins, incluidos contratos inteligentes seguros, auditorías transparentes y mecanismos sólidos de almacenamiento de tokens. Operar en intercambios de criptomonedas confiables y de larga data puede reducir significativamente el riesgo de caer en esquemas fraudulentos.

Los inversores deben tener cuidado con los proyectos que prometen rentabilidades poco realistas o utilizan tácticas de marketing agresivas. Los proyectos legítimos de altcoins se centran en la tecnología, los casos de uso del mundo real y el crecimiento a largo plazo en lugar de hacer afirmaciones exageradas.

Los inversores deben abordar cualquier oportunidad de inversión no solicitada con escepticismo y evitar tomar decisiones impulsivas.

Los inversores deben informar a las autoridades pertinentes, como los organismos encargados de hacer cumplir la ley o los organismos reguladores, de cualquier actividad sospechosa o fraudulenta que encuentren.

Informar de estos incidentes ayuda a proteger a la comunidad de criptomonedas en general y ayuda a identificar y procesar a los perpetradores.

A medida que evoluciona el mercado de altcoins, las estafas y los proyectos fraudulentos siguen siendo amenazas persistentes para los inversores. Los estafadores emplean diversas tácticas para engañar y explotar a personas desprevenidas, por lo que es esencial que los inversores actúen con cautela y vigilancia. Una investigación exhaustiva, la verificación de las medidas de seguridad, el uso de intercambios acreditados y evitar promesas poco realistas son precauciones esenciales que pueden ayudar a proteger a los inversores de ser víctimas de esquemas fraudulentos de altcoins.

Al permanecer informados, ser escépticos y proactivos al informar actividades sospechosas, los inversores pueden contribuir a un mercado de altcoins más seguro y confiable. Protegerse contra estafas y proyectos fraudulentos requiere un esfuerzo de colaboración de toda la comunidad de criptomonedas, los reguladores y las partes interesadas de la industria para crear un entorno que fomente la innovación legítima y proteja a los inversores de actores maliciosos.

Aspectos psicológicos de la inversión en Altcoin

Con su volatilidad inherente y su potencial de ganancias significativas, el mercado de altcoins es un panorama atractivo para los inversores que buscan diversificación y mayores rendimientos. Sin embargo, el mundo de la inversión en altcoins no se trata sólo de números y tecnología; también está profundamente entrelazado con la psicología humana. Las emociones, los prejuicios y la toma de decisiones desempeñan papeles fundamentales en la configuración de los resultados de las inversiones. Esta sección explora los aspectos psicológicos de la inversión en altcoins y cómo comprender el comportamiento humano puede ayudar a los inversores a tomar decisiones más informadas y racionales.

La inversión en altcoins puede ser una montaña rusa emocional impulsada por el miedo y la codicia. El miedo a perder algo (FOMO) incita a los inversores a lanzarse a un proyecto cuando los precios se están disparando, mientras que el miedo a perder algo (FOLO) provoca ventas de pánico durante las crisis del mercado. La codicia puede llevar a los inversores a mantener posiciones ganadoras durante demasiado tiempo, esperando obtener rendimientos aún mayores, arriesgándose a pérdidas significativas en el proceso.

Comprender y gestionar estas emociones es crucial para mantener un enfoque de inversión racional.
Los sesgos cognitivos son atajos mentales arraigados que pueden influir en la toma de decisiones y, a menudo, conducir a opciones de inversión irracionales. El sesgo de confirmación, en el que los inversores buscan información que valide sus creencias existentes, puede generar un exceso de confianza en un proyecto en particular. El sesgo de anclaje se produce cuando los inversores se fijan en un determinado precio como referencia para decisiones futuras, lo que potencialmente conduce a la pérdida de oportunidades. Ser consciente de estos sesgos y tratar conscientemente de mitigar su impacto es vital para tomar decisiones de inversión bien informadas.

La mentalidad de rebaño prevalece en el mercado de altcoins, donde los inversores siguen a la multitud en lugar de realizar investigaciones independientes. Cuando una altcoin en particular experimenta un aumento de precio, el miedo a perderse algo lleva a otros a subirse al tren sin una comprensión profunda del proyecto. Este comportamiento gregario puede provocar burbujas de activos y movimientos exagerados de precios, lo que subraya la necesidad de un análisis independiente y un enfoque de inversión a largo plazo.

La aversión a las pérdidas se refiere a la tendencia a sentir el dolor de las pérdidas con mayor intensidad en comparación con el placer de las ganancias. Los inversores en altcoins pueden ser más propensos a mantener posiciones perdedoras con la esperanza de una recuperación de los precios, y no estar dispuestos a aceptar pérdidas y pasar a inversiones potencialmente más prometedoras. Dejar de perder posiciones de manera oportuna es esencial para gestionar el riesgo y reasignar capital a proyectos con mayor potencial.

La naturaleza acelerada del mercado de altcoins puede llevar a un exceso de operaciones y a decisiones impulsivas. Los inversores pueden sentirse obligados a actuar ante cada movimiento del mercado, lo que genera mayores costos de transacción y una toma de decisiones potencialmente deficiente. Adoptar un enfoque paciente y disciplinado, evitar el comercio frecuente y centrarse en objetivos a largo plazo puede ayudar a frenar estas tendencias.

el comportamiento de un inversor . Una inversión particularmente exitosa puede generar exceso de confianza, mientras que una pérdida significativa puede generar aversión al riesgo. Aprender de las experiencias pasadas y analizar las decisiones de inversión de manera objetiva puede conducir a una mejora continua y una mejor gestión del riesgo.

La inversión en altcoins no es sólo una cuestión de análisis financiero; está profundamente influenciado por la psicología humana. Las emociones, los prejuicios y los patrones de toma de decisiones pueden afectar significativamente los resultados de la inversión.

Comprender y gestionar estos aspectos psicológicos es crucial para tomar decisiones informadas y racionales en el mercado de altcoins.

Los inversores pueden navegar en el mercado de altcoins de manera más efectiva reconociendo y abordando respuestas emocionales como el miedo y la codicia, identificando y mitigando sesgos cognitivos, evitando la mentalidad de rebaño y aprendiendo de experiencias pasadas. Adoptar un enfoque paciente y disciplinado, basado en una investigación exhaustiva y una gestión de riesgos, puede ayudar a los inversores a tomar decisiones bien informadas, mejorar sus estrategias de inversión y aumentar sus posibilidades de éxito en el mundo en constante evolución de la inversión en altcoins.

Precauciones a tomar al invertir en Altcoins

A medida que evoluciona el mercado de altcoins, los inversores tienen muchas oportunidades para diversificar sus carteras de criptomonedas y lograr rendimientos significativos. Sin embargo, invertir en altcoins conlleva riesgos inherentes debido a la volatilidad del mercado, las incertidumbres regulatorias y la amplia gama de proyectos disponibles. Los inversores deben adoptar precauciones prudentes para salvaguardar sus inversiones y tomar decisiones informadas. Esta sección explora las precauciones esenciales que los inversores deben tomar al invertir en altcoins para minimizar los riesgos y optimizar su estrategia de inversión.

Una investigación exhaustiva es la base de una inversión exitosa en altcoins. Los inversores deben profundizar en los fundamentos de cada proyecto, examinando factores como la experiencia del equipo, el caso de uso, la tecnología, la tokenómica , la participación de la comunidad y las asociaciones. Comprender la propuesta de valor del mundo real y la visión a largo plazo del proyecto es crucial antes de comprometer fondos.

La inversión en altcoins conlleva riesgos inherentes y una gestión prudente del riesgo es primordial. Diversificar la cartera de inversiones en diferentes altcoins y clases de activos puede mitigar la exposición a las posibles desventajas de cualquier proyecto. Establecer órdenes claras de limitación de pérdidas y limitar la cantidad invertida a lo que uno puede permitirse perder son estrategias esenciales de gestión de riesgos.

La seguridad es de suma importancia en las criptomonedas, ya que las altcoins pueden ser susceptibles a ataques de piratería y vulnerabilidades de contratos inteligentes. Los inversores deben verificar que el proyecto altcoin haya implementado medidas de seguridad sólidas para proteger los fondos y los datos confidenciales de los inversores.

Es esencial elegir intercambios de criptomonedas seguros y de buena reputación para operar con altcoins. Llevar a cabo la debida diligencia sobre los protocolos de seguridad, las tarifas, el volumen de operaciones y las reseñas de los usuarios de las bolsas puede ayudar a los inversores a evitar posibles estafas o plataformas poco confiables.

Comprender el entorno regulatorio en el que operan los proyectos de altcoins es crucial. Invertir en proyectos que cumplan con las regulaciones pertinentes puede mitigar los riesgos legales y las posibles perturbaciones derivadas de los cambios regulatorios.

La inversión en altcoins puede estar cargada de emociones, con rápidas fluctuaciones de precios a menudo impulsadas por el sentimiento del mercado. Los inversores deben evitar sucumbir al FOMO y tomar decisiones impulsivas basadas en movimientos de precios a corto plazo. Un enfoque disciplinado y paciente es esencial en el mercado de altcoins.

Reconocer las señales de alerta en los proyectos de altcoins puede salvar a los inversores de posibles estafas o empresas insostenibles. Los altos rendimientos con poca sustancia, la falta de transparencia y las tácticas de marketing demasiado agresivas son algunas señales de advertencia que deberían llamar la atención.

El mercado de las criptomonedas es dinámico y está sujeto a cambios constantes. Mantenerse informado sobre los últimos acontecimientos, noticias y sentimiento del mercado es fundamental para tomar decisiones de inversión bien informadas.

La inversión en altcoins suele tener más éxito cuando se aborda con una visión a largo plazo. Si bien las oscilaciones de precios a corto plazo pueden resultar tentadoras para obtener ganancias rápidas, centrarse en el valor subyacente del proyecto y su potencial de crecimiento a largo plazo puede generar recompensas más significativas.

Los inversores deben evitar extender demasiado sus recursos invirtiendo una parte significativa de su capital en el mercado de altcoins. La asignación prudente de fondos y el mantenimiento de una cartera diversificada pueden proteger contra una exposición excesiva a los riesgos del mercado.

Invertir en altcoins ofrece interesantes oportunidades para la diversificación de la cartera y posibles rendimientos. Sin embargo, conlleva riesgos inherentes que exigen precauciones cuidadosas. Una investigación exhaustiva, la gestión de riesgos, la verificación de las medidas de seguridad, la elección de intercambios acreditados, mantenerse informado y cumplir con las normativas son pasos vitales para salvaguardar las inversiones en altcoins.

Al ejercer prudencia, evitar FOMO, identificar señales de alerta y enfatizar una visión a largo plazo, los inversores pueden navegar con éxito en el mercado de altcoins y aumentar la probabilidad de lograr sus objetivos de inversión. Con un enfoque disciplinado e informado, la inversión en altcoins puede ser un viaje gratificante y transformador en el mundo en constante evolución de las criptomonedas.

CAPÍTULO XI

Perspectivas futuras para Altcoins y ICOs

Tendencias emergentes en el mercado de Altcoin

El mercado de altcoins, un sector dinámico y en rápida evolución de la industria de las criptomonedas, continúa siendo testigo de un crecimiento e innovación significativos. A medida que los inversores y desarrolladores buscan soluciones alternativas a Bitcoin, numerosas tendencias emergentes están dando forma al panorama de las inversiones en altcoins. Esta sección explora las últimas tendencias en el mercado de altcoins, arrojando luz sobre los factores que impulsan su popularidad, el impacto en el ecosistema de las criptomonedas y las oportunidades potenciales que presentan para los inversores.

Las finanzas descentralizadas (DeFi) han aparecido como una de las tendencias más destacadas en el mercado de altcoins. Los proyectos DeFi ofrecen una alternativa descentralizada y sin permisos a los servicios financieros tradicionales como préstamos, empréstitos y transacciones. Construidos sobre la tecnología blockchain, los protocolos DeFi utilizan contratos inteligentes para automatizar procesos y eliminar intermediarios, mejorando la eficiencia y la accesibilidad. El rápido crecimiento del sector DeFi ha provocado un aumento de las altcoins DeFi, atrayendo tanto a inversores que buscan altos rendimientos como a usuarios que buscan participar en el ecosistema DeFi.

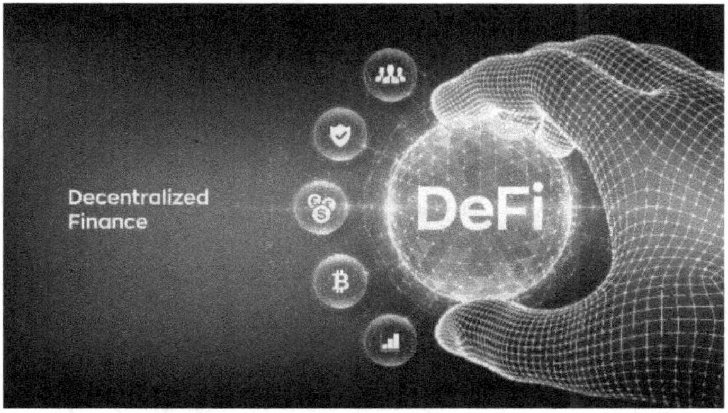

Los tokens no fungibles (NFT) han captado la atención mundial, revolucionando la propiedad digital y la representación de activos. Los NFT son activos digitales únicos que representan la propiedad de obras de arte, música, bienes raíces virtuales y otros objetos de colección digitales. A medida que crece la demanda de NFT, un número cada vez mayor de proyectos de altcoins están explorando integraciones y plataformas de NFT, ofreciendo oportunidades de inversión únicas en el espacio del arte digital y los coleccionables.

Con las limitaciones de escalabilidad de algunas de las principales cadenas de bloques, las soluciones de escalamiento de Capa 2 se han convertido en una tendencia crucial en el mercado de altcoins. Proyectos como Lightning Network para Bitcoin y las soluciones de Capa 2 de Ethereum tienen como objetivo abordar la congestión de la red y las altas tarifas de transacción procesando transacciones fuera de la cadena o mediante cadenas laterales. Estas soluciones de Capa 2 brindan transacciones más rápidas y rentables, mejorando la usabilidad y el atractivo de las altcoins que adoptan estas tecnologías.

La interoperabilidad es otra tendencia clave en el mercado de altcoins, ya que los proyectos se esfuerzan por superar la naturaleza aislada de las diferentes redes blockchain. Las soluciones de interoperabilidad entre cadenas facilitan la comunicación fluida y el intercambio de datos entre cadenas de bloques dispares, lo que permite transferencias de valor y colaboración de plataformas. A medida que aumenta la necesidad de interconectividad, es probable que las altcoins con fuertes capacidades entre cadenas ganen terreno.

Se ha expresado una creciente preocupación sobre cómo la minería de criptomonedas afecta al medio ambiente. Como resultado, las altcoins ecológicas que utilizan mecanismos de consenso energéticamente eficientes han ganado atención. La prueba de participación (PoS) y otros algoritmos de consenso ecológicos se han convertido en alternativas populares a la minería de prueba de trabajo (PoW) que consume mucha energía, lo que hace que estas altcoins sean más sostenibles y atractivas para los inversores conscientes del medio ambiente.

Las Organizaciones Autónomas Descentralizadas (DAO) son entidades regidas por contratos inteligentes y operadas por miembros de la comunidad. Las DAO permiten la toma de decisiones y la asignación de recursos descentralizadas, eliminando el control centralizado y los intermediarios. Los proyectos de Altcoin están explorando cada vez más el modelo DAO para la gobernanza de proyectos, dando a los poseedores de tokens una voz en el desarrollo de proyectos y los procesos de toma de decisiones.

El mercado de altcoins evoluciona continuamente, impulsado por tendencias emergentes que dan forma al futuro de la tecnología blockchain y la adopción de criptomonedas. El auge de DeFi, la explosión de NFT, las soluciones de escalamiento de Capa 2, la interoperabilidad entre cadenas, las altcoins ecológicas y las DAO son algunas de las tendencias clave que están transformando el panorama de las altcoins.

A medida que el ecosistema de las criptomonedas se expande y madura, los inversores deberían analizar cuidadosamente estas tendencias emergentes y evaluar el potencial a largo plazo de los proyectos de altcoins. Comprender los fundamentos, los avances tecnológicos y los casos de uso de las altcoins en consonancia con estas tendencias puede proporcionar información valiosa para los inversores que buscan capitalizar la próxima ola de innovación en el mercado de las altcoins.

Además, la evolución regulatoria, el sentimiento del mercado y los factores macroeconómicos también desempeñan un papel crucial a la hora de influir en la dirección futura del mercado de altcoins. A medida que el panorama continúa evolucionando, los inversores deben mantenerse informados, mantener una cartera diversificada y ejercer una gestión de riesgos prudente para navegar con éxito en el dinámico mercado de altcoins. Adoptar estas tendencias emergentes y mantenerse a la vanguardia puede allanar el camino para oportunidades de inversión lucrativas en este sector transformador y de ritmo rápido de la industria de las criptomonedas.

Posibles desafíos y oportunidades

El mercado de altcoins, una amplia gama de criptomonedas más allá de Bitcoin, se ha convertido en un punto focal para los inversores que buscan oportunidades en el espacio de las criptomonedas. Sin embargo, este mercado tiene sus desafíos, así como sus posibles recompensas. En esta sección, exploramos los posibles desafíos y oportunidades que tanto los inversores como los proyectos de altcoins encuentran en este panorama en constante evolución. Profundizaremos en la importancia de la gestión de riesgos, los avances tecnológicos, los desarrollos regulatorios, el sentimiento del mercado y los enfoques estratégicos necesarios para prosperar en el mercado de altcoins.

Uno de los principales desafíos en el mercado de altcoins es la volatilidad. Las altcoins son conocidas por experimentar fluctuaciones de precios repentinas y significativas. Si bien esta volatilidad puede generar ganancias sustanciales, también expone a los inversores a pérdidas potenciales. Para afrontar este desafío, los inversores deben adoptar prácticas sólidas de gestión de riesgos.

La liquidez es otro problema crítico al que se enfrentan las altcoins. Muchos proyectos más pequeños sufren de menor liquidez en comparación con las criptomonedas establecidas como Bitcoin. Esta falta de liquidez puede provocar una caída de precios y dificultades para ejecutar operaciones más importantes, lo que afecta la estabilidad general del mercado.

La naturaleza competitiva del mercado de altcoins presenta un desafío para los proyectos que se esfuerzan por destacarse y ganar reconocimiento. Con numerosas altcoins compitiendo por atención y financiación, los proyectos deben ofrecer soluciones innovadoras que aborden problemas del mundo real para lograr el éxito.

El panorama regulatorio en constante cambio plantea desafíos importantes para los proyectos e inversores de altcoins. Diferentes jurisdicciones adoptan diversos enfoques para la regulación de las criptomonedas, lo que genera complejidades e incertidumbres en el cumplimiento para los participantes del mercado.

Finalmente, los riesgos de seguridad son una preocupación crucial para los proyectos de altcoins. Las vulnerabilidades de los contratos inteligentes o los probables intentos de piratería podrían provocar pérdidas sustanciales para los inversores y dañar la confianza del mercado.

El mercado de altcoins también presenta una serie de oportunidades interesantes tanto para inversores como para proyectos. Los avances tecnológicos, como DeFi y NFT, ofrecen un potencial transformador. Los proyectos de finanzas descentralizadas (DeFi) están remodelando los servicios financieros tradicionales al eliminar intermediarios y ofrecer opciones de préstamos, empréstitos y transacciones más accesibles. Los tokens no fungibles (NFT) han revolucionado la propiedad digital y representan oportunidades de inversión únicas en el espacio del arte digital y los coleccionables.

Las altcoins también brindan la oportunidad de diversificar las carteras de inversión. Los inversores pueden lograr un mejor crecimiento de la cartera y rendimientos potencialmente más altos distribuyendo el riesgo entre diferentes proyectos de altcoins.

Ciertas altcoins están revolucionando las industrias y los modelos de negocio tradicionales, abriendo casos de uso disruptivos. Estos proyectos ofrecen un potencial especial para la innovación y la inversión en una variedad de áreas, incluida la gestión de la cadena de suministro y la verificación de identidad.

Además, el mercado de altcoins permite la participación en mercados emergentes. Los inversores pueden obtener exposición a sectores con un potencial de crecimiento significativo, como las finanzas descentralizadas, los juegos y los bienes raíces virtuales.

Invertir en altcoins prometedoras en una etapa temprana también puede generar recompensas por su adopción temprana. Los primeros inversores pueden beneficiarse de ganancias sustanciales si un proyecto tiene éxito y logra una adopción generalizada.

Los inversores y proyectos deben adoptar las siguientes estrategias para afrontar las dificultades y aprovechar las oportunidades en el mercado de las criptomonedas:

Realizar una investigación exhaustiva sobre los proyectos de altcoins es esencial antes de tomar decisiones de inversión. Evaluar la experiencia del equipo, los casos de uso, la tecnología, la participación de la comunidad y la tokenómica puede ayudar a identificar proyectos prometedores.

La implementación de técnicas prudentes de gestión de riesgos, como la diversificación de carteras y el establecimiento de órdenes de limitación de pérdidas, puede ayudar a mitigar pérdidas potenciales durante las desaceleraciones del mercado.

Mantenerse informado sobre los últimos acontecimientos, los cambios regulatorios y el sentimiento del mercado es crucial para tomar decisiones bien informadas.

Mantener una visión a largo plazo en lugar de dejarse llevar por movimientos de precios a corto plazo puede ayudar a los inversores a centrarse en el crecimiento potencial a largo plazo de los proyectos de altcoins.

El uso de billeteras seguras y el comercio en bolsas acreditadas pueden proteger las inversiones de posibles violaciones de seguridad.

El mercado de altcoins ofrece desafíos y oportunidades para inversores y proyectos. Si bien la volatilidad, la liquidez, la competencia, las incertidumbres regulatorias y los riesgos de seguridad presentan desafíos importantes, los avances tecnológicos, las perspectivas de diversificación, los casos de uso disruptivos, las recompensas por la adopción temprana y la participación en los mercados emergentes ofrecen amplias oportunidades de crecimiento.

Para navegar con éxito en este panorama dinámico, los inversores deben emplear prácticas sólidas de gestión de riesgos, realizar investigaciones exhaustivas, mantenerse informados y mantener una perspectiva a largo plazo. Los proyectos de altcoins deben innovar, abordar problemas del mundo real y cumplir con las normas para atraer inversores y lograr el éxito en este mercado en rápida evolución. Con enfoques estratégicos y vigilancia, los participantes pueden navegar por el mercado de altcoins y desbloquear su potencial transformador en el ecosistema de criptomonedas más amplio.

Predicciones para el futuro de Altcoins y ICOs

El mundo de las criptomonedas está en constante evolución, y las altcoins y las ofertas iniciales de monedas (ICO) desempeñan un papel fundamental a la hora de impulsar la innovación y expandir el ecosistema blockchain. A medida que avanza la tecnología y evolucionan los panoramas regulatorios, el futuro de las altcoins y las ICO sigue siendo un tema de gran interés y especulación. En esta sección, profundizamos en las predicciones para el futuro de las altcoins y las ICO, explorando tendencias, desafíos y oportunidades potenciales que pueden dar forma a este mercado dinámico.

Incluso si Bitcoin mantiene su posición como líder del mercado de criptomonedas, hay predicciones de que ciertas altcoins se establecerán como actores importantes en nichos específicos. A medida que la industria madura, las altcoins que ofrecen soluciones únicas como DeFi, NFT, funciones centradas en la privacidad o interoperabilidad entre cadenas podrían obtener una adopción y un valor de mercado significativos.

Es probable que los marcos regulatorios que rodean a las criptomonedas sigan evolucionando. Los gobiernos y las autoridades financieras de todo el mundo están debatiendo cómo regular este espacio innovador y al mismo tiempo proteger eficazmente a los inversores y consumidores. A medida que el entorno regulatorio se vuelve más claro, los proyectos de altcoins que cumplen con las normas pueden ganar el favor de los inversores, mientras que las ICO pueden quedar sujetas a reglas y protecciones más estrictas para los inversores.

DeFi ya ha demostrado su potencial para alterar las finanzas tradicionales y se prevé que su influencia crezca. A medida que el ecosistema DeFi se expanda, es probable que más proyectos de altcoins se integren con los protocolos DeFi, creando un sistema financiero sólido e interconectado que opere de forma autónoma en la cadena de bloques.

La interoperabilidad seguirá siendo un foco clave en el espacio blockchain. Se espera que ganen impulso los proyectos que facilitan una comunicación fluida y la transferencia de valor entre cadenas de bloques. Las soluciones de interoperabilidad entre cadenas podrían desbloquear nuevas posibilidades para el intercambio de activos y aplicaciones descentralizadas, fomentando la colaboración entre diferentes redes blockchain.

La escalabilidad y la eficiencia energética son desafíos cruciales que enfrentan muchas criptomonedas, especialmente a la luz de las crecientes preocupaciones ambientales. En el futuro, es probable que los proyectos de altcoins adopten mecanismos de consenso innovadores y soluciones de escalamiento de capa 2 para mejorar el rendimiento de las transacciones y reducir el consumo de energía.

Las ICO pueden transformarse con el aumento de las ofertas de tokens de seguridad (STO). Las STO ofrecen valores tokenizados que están respaldados por activos del mundo real, lo que brinda cumplimiento normativo y protección a los inversores. Estos valores tokenizados podrían atraer inversores institucionales y cerrar la brecha entre las finanzas convencionales y el mercado de las criptomonedas.

La integración de la IA con la tecnología blockchain es una frontera apasionante. Los proyectos de Altcoin pueden aprovechar algoritmos de inteligencia artificial para análisis de datos, evaluación de riesgos y predicciones de mercado. Las plataformas impulsadas por IA podrían permitir estrategias comerciales más inteligentes y pronósticos de precios más precisos, beneficiando tanto a los inversores como a los equipos de proyectos.

Es probable que el mercado de las criptomonedas experimente una consolidación a medida que los proyectos más fuertes absorban a los más pequeños. Las fusiones y asociaciones entre proyectos de altcoins pueden volverse más frecuentes, lo que conducirá a un ecosistema más maduro y resiliente.

El futuro de las altcoins y las ICO está cargado de posibilidades, incertidumbres y potencial transformador. A medida que la tecnología evoluciona, los marcos regulatorios se solidifican y las demandas del mercado cambian, las altcoins que ofrecen soluciones innovadoras y casos de uso del mundo real probablemente cobrarán importancia. DeFi seguirá revolucionando las finanzas tradicionales, mientras que la interoperabilidad, la escalabilidad y la eficiencia energética seguirán siendo áreas clave de atención.

El panorama de las ICO puede pasar a las STO, ofreciendo mayor protección a los inversores y atractivo institucional. Además, la integración de la IA podría aportar análisis de datos mejorados y conocimientos de mercado al mercado de altcoins.

Navegar por el futuro de las altcoins y las ICO requiere adaptabilidad, previsión y compromiso con el cumplimiento. Es probable que los inversores y proyectos que se mantengan a la vanguardia de las tendencias emergentes, mantengan el cumplimiento normativo y prioricen la innovación tecnológica prosperen en este espacio dinámico y transformador. A medida que se desarrolla el ecosistema de las criptomonedas, las altcoins y las ICO son fundamentales para dar forma al futuro de las finanzas, el comercio y la innovación descentralizada.

CONCLUSIÓN

Resumen de puntos clave

A lo largo de este libro electrónico, exploramos el apasionante y dinámico mundo de las altcoins y las ofertas iniciales de monedas (ICO). Profundizamos en las ventajas y desafíos de las altcoins, los distintos tipos de altcoins, las complejidades de las ICO y los factores que influyen en los precios de las altcoins. A medida que nuestro viaje llega a su fin, recapitulemos los puntos clave discutidos en este libro electrónico, que han arrojado luz sobre las complejidades de la inversión en altcoins y el panorama cambiante del mercado de las criptomonedas.

Entendiendo las Altcoins

Las altcoins son criptomonedas alternativas que comparten la tecnología blockchain subyacente con Bitcoin pero ofrecen distintas ventajas. Cuentan con una escalabilidad mejorada, transacciones más rápidas,

privacidad mejorada y abordan casos de uso específicos
más allá de las capacidades de Bitcoin.

Tipos de altcoins

Exploramos los diferentes tipos de altcoins, incluidos los
tokens de utilidad, los tokens de seguridad y las monedas
estables. Los tokens de utilidad impulsan aplicaciones
descentralizadas, los tokens de seguridad representan
activos del mundo real y las monedas estables tienen
como objetivo mantener la estabilidad de precios.

Pros y contras de las Altcoins en comparación con Bitcoin

Las altcoins ofrecen ventajas como innovaciones
tecnológicas y casos de uso personalizados. Sin embargo,
también enfrentan desafíos como la volatilidad del
mercado, menor liquidez e incertidumbres regulatorias en
comparación con Bitcoin.

ICO: Introducción y proceso

Las ICO son mecanismos de recaudación de fondos que
permiten a los proyectos obtener capital mediante la
emisión de tokens a los inversores. Exploramos el proceso
de ICO paso a paso, desde los preparativos previos a la
ICO hasta la distribución de tokens.

Beneficios y riesgos de invertir en ICO

Invertir en ICO ofrece oportunidades para recompensas
por adopción temprana y participación en proyectos
innovadores. Sin embargo, los inversores también deben
ser cautelosos ante posibles estafas, la falta de

supervisión regulatoria y la incertidumbre sobre el éxito del proyecto.

Tendencias y análisis del mercado de altcoins

Examinamos los factores que influyen en los precios de las altcoins, incluido el sentimiento del mercado, las noticias, los desarrollos tecnológicos, los cambios regulatorios y la liquidez del mercado.

El futuro de las Altcoins y las ICO

Las predicciones para el futuro de las altcoins y las ICO revelaron tendencias emergentes en DeFi, desarrollos regulatorios, integración de IA y consolidación del mercado. Las soluciones de interoperabilidad y las ofertas de tokens de seguridad también pueden remodelar el panorama.

Precauciones y aspectos psicológicos

Para navegar con éxito en el mercado de altcoins, los inversores deben tomar precauciones como una investigación exhaustiva, la gestión de riesgos y mantenerse informados. Comprender los aspectos psicológicos de la inversión, como las emociones, los prejuicios y los patrones de toma de decisiones, puede ayudar a evitar decisiones impulsivas y comportamientos irracionales .

Estafas y proyectos fraudulentos de Altcoins

Las estafas y los proyectos fraudulentos de altcoins siguen siendo una amenaza persistente para los inversores. Conocer las tácticas comunes que emplean los estafadores y actuar con cautela puede proteger a los inversores de ser víctimas de esquemas fraudulentos.

Nuestro viaje por el mundo de las altcoins y las ICO ha sido a la vez esclarecedor y transformador. Hemos explorado las ventajas y desafíos de las altcoins, los matices de las ICO y los factores que influyen en los precios de las altcoins. Además, hemos profundizado en las precauciones que los inversores deben tomar para salvaguardar sus inversiones y protegerse contra estafas.

El conocimiento y la conciencia son las claves para una inversión exitosa en altcoins en el panorama de las criptomonedas en constante evolución. A medida que avanza la tecnología, se solidifican las regulaciones y madura el mercado, el potencial de innovación y crecimiento en el mercado de altcoins continúa expandiéndose.

Al concluir este libro electrónico, recordemos que la inversión en altcoins es un viaje que exige una combinación de prudencia, investigación y comprensión de la dinámica del mercado. Al mantenerse informados, actuar con cautela y adoptar una perspectiva a largo plazo, los inversores pueden navegar por el mercado de altcoins y potencialmente cosechar los beneficios de este ecosistema financiero dinámico y transformador. A medida que evoluciona el mercado de altcoins, tanto los inversores como los proyectos deben adaptarse al panorama cambiante y luchar por la innovación, la transparencia y la protección de los inversores para impulsar el mercado de las criptomonedas hacia un futuro más seguro, inclusivo y próspero.

Reflexiones finales sobre la inversión en Altcoin

A medida que nuestro viaje por el mundo de la inversión en altcoins llega a su fin, es esencial reflexionar sobre los conocimientos adquiridos y las consideraciones que pueden dar forma a una estrategia de inversión exitosa e informada. Las altcoins, con sus diversas ofertas y tecnologías innovadoras, tienen el potencial de revolucionar las industrias e impulsar la transformación financiera. En esta sección final, exploramos conclusiones clave y reflexiones finales sobre la inversión en altcoins, enfatizando la importancia de la diligencia, la adaptabilidad y una visión a largo plazo.

La diligencia es primordial

La investigación exhaustiva es la base de la inversión en altcoins. Comprender los fundamentos de un proyecto, analizar sus avances tecnológicos y evaluar las capacidades del equipo son pasos cruciales para tomar decisiones de inversión bien informadas. La diligencia también implica mantenerse informado sobre las tendencias del mercado, los cambios regulatorios y los desarrollos de la industria.

Adopte una gestión de riesgos prudente

La inversión en altcoins implica inherentemente riesgos y los inversores deben adoptar prácticas prudentes de gestión de riesgos. Diversificar la cartera de inversiones, establecer órdenes claras de limitación de pérdidas e invertir sólo lo que uno pueda permitirse perder son estrategias esenciales para mitigar pérdidas potenciales.

La visión a largo plazo produce recompensas

La inversión en altcoins no es un plan para hacerse rico rápidamente; requiere paciencia y una perspectiva a largo plazo. Si bien el mercado puede experimentar fluctuaciones de precios a corto plazo, es más probable que los proyectos con fundamentos sólidos y casos de uso del mundo real resistan la volatilidad del mercado y logren un crecimiento a largo plazo.

Navegando la volatilidad del mercado

El mercado de altcoins es conocido por su volatilidad, impulsada por el sentimiento del mercado y factores externos. Durante las crisis del mercado, los inversores deben mantener su resiliencia y abstenerse de actuar impulsivamente por miedo o por codicia. Mantenerse firme y adherirse a la estrategia de inversión es crucial para afrontar las fluctuaciones del mercado.

Asuntos regulatorios

El entorno regulatorio evoluciona continuamente y es probable que los proyectos de altcoins que cumplan con las regulaciones pertinentes ganen credibilidad y atraigan una base de inversores más amplia. Los inversores deben estar atentos a la evolución regulatoria y elegir proyectos que prioricen el cumplimiento.

Cuidado con las estafas y el fraude

Desafortunadamente, el mercado de altcoins alberga estafas y proyectos fraudulentos. Estar atentos y actuar con la debida diligencia puede ayudar a los inversores a evitar ser víctimas de actores malintencionados. Informar actividades sospechosas y mantenerse informado sobre tácticas de estafa comunes son esenciales para proteger tanto las inversiones personales como la comunidad de criptomonedas en general.

Aprovechando la tecnología y la innovación

El mercado de las criptomonedas es un semillero de innovación tecnológica. Los inversores deben buscar proyectos que demuestren una innovación genuina y ofrezcan soluciones a los desafíos del mundo real. Las altcoins que abordan la escalabilidad, la privacidad, la seguridad y la interoperabilidad tienen potencial para un crecimiento sostenible y una adopción masiva.

Flexibilidad en la estrategia de inversión

A medida que evoluciona el mercado de altcoins, también debería hacerlo la estrategia de un inversor. Para maximizar las oportunidades de inversión y gestionar con éxito los riesgos, es esencial la capacidad de adaptarse a las condiciones cambiantes del mercado y a las tendencias en desarrollo.

Conclusión

La inversión en altcoins es un viaje dinámico que exige diligencia, prudencia y un compromiso inquebrantable con el aprendizaje y la adaptación. El potencial de crecimiento transformador e innovación en el mercado de altcoins es enorme, pero también lo son los riesgos. Los inversores pueden navegar por los mares de altcoins con mayor confianza y resiliencia si se mantienen informados, realizan investigaciones exhaustivas y mantienen una visión a largo plazo.

A medida que el ecosistema de las criptomonedas siga madurando, la importancia de la conducta ética, el cumplimiento normativo y la protección de los inversores será primordial. Tanto para los proyectos como para los inversores de altcoins, la lucha por la transparencia, la responsabilidad y la innovación contribuirá a un mercado de criptomonedas más sólido y sostenible.

Ante los desafíos e incertidumbres, adoptar una perspectiva cautelosa pero optimista puede generar inversiones gratificantes en altcoins. El futuro de la inversión en altcoins es brillante y, a medida que la tecnología y el mercado evolucionan, los inversores tienen la oportunidad de estar a la vanguardia de un panorama financiero transformador. Con diligencia, prudencia y un enfoque inquebrantable en el largo plazo, los inversores pueden desbloquear las posibilidades ilimitadas que ofrece el mercado de altcoins.

Gracias por comprar y leer/escuchar nuestro libro. Si encontraste útil este libro, te agradeceríamos que te tomes unos minutos para dejar una reseña en la plataforma donde adquiriste nuestro libro. Tu opinión es de gran importancia para nosotros.

www.ingramcontent.com/pod-product-compliance
Lightning Source LLC
Chambersburg PA
CBHW071948150726
47999CB00001B/355